○小红楼论学文丛

童庆炳 著

童庆炳谈文体创造

河南大学出版社

图书在版编目(CIP)数据

童庆炳谈文体创造/童庆炳著. —开封:河南大学出版社,2008.4

(小红楼论学文丛)

ISBN 978-7-81091-792-6

Ⅰ. 童… Ⅱ. 童… Ⅲ. 文体论－研究 Ⅳ. H052

中国版本图书馆 CIP 数据核字(2008)第 035288 号

责任编辑	靳宇峰
责任校对	王丽霞
封面设计	凤文传媒

出　版	河南大学出版社
	地址:河南省开封市明伦街 85 号　邮编:475001
	电话:0378-2825001(营销部)　网址:www.hupress.com
排　版	郑州市今日文教印制有限公司
印　刷	河南省诚和印制有限公司
版　次	2008 年 4 月第 1 版　　印　次　2008 年 4 月第 1 次印刷
开　本	890mm×1240mm　1/32　　印　张　4.625
字　数	103 千字　　插　页　1
定　价	9.00 元

(本书如有印装质量问题,请与河南大学出版社营销部联系调换)

2008年作者于小红楼寓所

童庆炳，1936年生，福建连城人。北京师范大学教授、博士生导师，中国中外文艺理论学会副会长，中国作协理论批评委员会委员，教育部人文社科重点研究基地北京师范大学文艺学中心主任，长期从事文艺理论和美学的教学与研究。主要著作有《中国古代诗学与美学》(1992)、《文学概论》上下卷(1994)、《文学活动的审美维度》(2001)、《现代诗学十讲》(2005)等。其主编的《文学理论教程》(1992)获国家教学成果奖，多部专著获教育部人文社科著作奖。

目　录

小　引 …………………………………………（ 1 ）
何谓"文体" ……………………………………（ 3 ）
论文学文体 ……………………………………（ 10 ）
中国古代文体论述要 …………………………（ 27 ）
文体功能诸层面 ………………………………（ 69 ）
论美在于内容与形式的交涉部 ………………（ 83 ）
论文艺作品内容与形式的辩证矛盾 …………（ 102 ）
艺术作品内容与形式辩证矛盾的心理学内涵 …（ 123 ）
汉语与文体创造 ………………………………（ 141 ）

小　引

长期以来，文体一直被理解为体裁。1991～1993年我开始研究文体论的时候，才知道这个问题的复杂性。文体并不是一个简单的体裁问题，而是关系到文章写作的全局性的问题。1994年我的专著《文体与文体的创造》由云南人民出版社出版，这是当时国内第一本文体学专著。在书中我给文体下了这样一个定义：文体是指一定话语秩序所形成的文本体式。它折射出作家、批评家独特的精神结构、体验方式、思维方式和其他社会历史、文化精神。这个关于"文体"界说，不断为学界一些朋友所引用。我现在仍然认为，文体是一个系统，它由体裁—语体—风格三个层面构成。一定的体裁要求一定的语体，语体要是趋于成熟，风格也就生成了。在研究过程中，为了弄清楚文体问题，我下了很多功夫梳理中国古代的文体论资料，并从中受到启发，提出了我对文体的新界说。

这本小书是我的专著《文体与文体的创造》的部分章节，出书前曾在各种刊物发表。

十分感谢河南大学出版社，出版了这本小书，使我提出的文体论为更多的读者所了解。我期待对话与批评。

童庆炳

2007年11月于北师大小红楼寓所

何谓"文体"

不知从什么时候开始,"文体"被定义为文学体裁,于是文体研究也就被限定为文学体裁的研究。实际上,无论在中国古代,还是在西方,"文体(style)"都具有丰富的涵义。中国古代的"体"、"文体"既指文类,也指语体、风格等。西方的 style 一词可以翻译为文体、语体、风格、文笔、笔性等,内涵也很丰富。本书研究的文体不单是指那种被狭隘化了的文类,也不单是指文学的风格,我们试图从更丰富的意义上来探讨它。我们大致上给文体这样一个界说:文体是指一定的话语秩序所形成的文本体式,它折射出作家、批评家独特的精神结构、体验方式、思维方式和其他社会历史、文化精神。上述文体定义实际上可分为两层来理解:从表层看,文体是作品的语言秩序、语言体式;从里层看,文体负载着社会的文化精神和作家、批评家的个体的人格内涵。对于上述文体概念,此处只先提出,本书将用主要的篇幅来详细讨论它。

歌德说:"艺术不应当完全屈从自然的必然性,它还有它本身的规律。"艺术自身的规律很多,其中极为重要的一条即是文体创造的规律。文学的确来源于生活,但它又不等同于生活。文体的创造就是生活转化为文学的中介机制。任何一个作家在他动笔之前,都面临着两次选择:第一次选择是写什么,第二次选择是怎么写。写什么自然是重要的,但怎么写,用怎样的话语体式去编织怎样的语言秩序,也很重要。同一个意思,用不同的言语去写,其效果可能完全不一样。譬如有一个人竞选总统,他对选民说:我很穷,什么也没有,请你们都投我一票。他这样说,用这种干巴巴的语体来说,不会打动任何人。1860年,美国的林肯说了上面的意思,但他用了如下的语体:"有人打电话问我有多少银子,我告诉他们我是一个穷棒子。我有一位妻子和一个儿子,他们都是无价之宝。我租了一间房子,房子里有一张桌子和三把椅子,墙角有一个柜子,柜子里的书值得我读一辈子。我的脸又瘦又长,且长满胡子,我不会发福而挺着大肚子。我没有可以庇荫的伞子,唯一可以依靠的就是你们。"林肯就靠这种诚实而风趣的演说文体征服了选民,就任美国第16任总统。即或是同一句话,将它放在不同的语境中,也会显示出不同的意义和不同的效应。物理学家海森堡曾说过:"每个工具都带有用来创造它的那种精神。"真正的作家是语言大师,他们能够运用语言的工具,创造出富于魅力的文体来,让文学史为之惊奇。明明是外延性很强的语言,但在他们手中却可以让它向内涵性语言过渡,而创造出一个个新的艺术世界,一种种新的文体。

我们的祖先对文体问题十分重视。他们知道:"书不尽言,言不尽意。"(《周易·系辞》)然而,对文学创作而言,又非把不可言传的曲折微妙之意言传出来不可,而且还要达到"语不惊人死不休"(杜甫)的境界,要"能字字立于纸上","夫纸上尚不能立,安望其能立于世间乎"(袁枚)? 赋比兴的传统,为炼字炼句所下的功夫,其目的都在文体的营造。可以说中国是最讲究语言体式的国度,最讲究文体的国度。

"五四"文学革命,文言文改为白话文。这是一个巨大的变化。但重视文体的传统并没有改变。以鲁迅为代表的新文学的作家都以文体创新为荣,以语言粗糙为耻。鲁迅在《我怎么做起小说来》一文中,在谈到"我的取材,多采自病态社会的不幸的人们中,意思是在揭出病苦,引起疗救的注意"之后,说:

> 我做完之后,总要看两遍,自己觉得拗口的,就增删几个字,一定要它读得顺口;没有相宜的白话,宁可引古语,希望总有人会懂,只有自己懂得或连自己也不懂的生造出来的字句,是不大用的。这一节,许多批评家之中,只有一个人看出来了,但他称我为 stylist。[①]

stylist 就是文体家。把鲁迅的上下文联系起来看,他显然是称许这个批评家独具慧眼,能看出他在文体的营造上所下的功夫。鲁迅对新诗、散文的文体也发表过很好的意见,十分重视"怎么写"的文体问

[①] 鲁迅:《我怎么做起小说来》,《鲁迅全集》第 4 卷,人民文学出版社 1959 年版,第 394 页。

题。周作人在1926年对新诗的文体也发表了很好的意见,他说:"新诗的手法我不很佩服白描,也不喜欢唠叨的叙事,不必说唠叨的说理,我只认抒情是诗的本分,而写法则觉得所谓'兴'最有意思,用新名词来讲或可以说是象征。让我说一句陈腐话,象征是诗的最新的写法,但也是最旧,在中国也'古已有之',我们上观国风,下察民谣,便可以知道中国的诗多用兴体,较赋与比更普通而成就亦更好。"①周作人主张诗的文体要采用"兴",或者说象征,不可太"晶莹透澈",要"一点儿朦胧",这是很有见地的。诗人穆木天对诗的文体特征,也有精辟的看法,他说:"我喜欢用烟丝,用铜丝织的诗。诗要兼造形与音乐之美。在人们神经上振动的可见而不可见,可感而不可感的旋律的波,浓雾中若听见若听不见的远远的声音,夕暮里若飘动若不动的淡淡光线,若讲出若讲不出的情肠才是诗的世界。"②剧作家洪深则对小说和戏剧的叙述文体作了对比。洪深认为小说叙述故事至少可以用五种方法:第一,完全是客观的,即靠故事中的当事人自己的言语动作表现出来,作者好像是置身局外;第二,作者随意发挥他个人的情感和哲学;第三,作者钻进当事人腹中,将他曲折隐微宣露出来;第四,借用一位在故事中不甚重要、不甚活动的旁观者,从他的口中,叙述这件故事;第五,直接用故事中主人公的口吻,他的阅历情感心理,他可以很自然地说了出来的。而戏剧的叙事方法则只能用第

---

① 周作人:《〈扬鞭集〉序》,见《中国现代文论选》第1册,贵州人民出版社1982年版,第104页。
② 穆木天:《谈诗——寄沫若的一封信》,见《中国现代文论选》第1册,贵州人民出版社1982年版,第80页。

一种,即完全客观的人物自身的言语动作。① 洪深的说法已具备了某些叙述学的初坯,说明中国现代作家们对文体的重视。特别值得注意的是现代文学批评家对文体的批评,如朱自清的《〈中国新文学大系·诗集〉导言》一文,特别重视对现代文学史上各派诗人的作品的文体的批评和分析,如在评论北京《晨报诗镌》时,指出这一伙诗人"要'创格',要发见'新格式与新音节'"。朱自清高度评价闻一多对诗的文体的试验:"闻一多氏的理论最为详明,他主张'节的匀称','句的均齐',主张'音尺',重音,韵脚。他说诗该具有音乐的美,绘画的美,建筑的美;音乐的美指音节,绘画的美指词藻,建筑的美指章句。他们真研究,真试验,每周有诗会,或讨论,或诵读。"② 在评论诗人李金发时说:"讲究用比喻,有'诗怪'之称;但不将那些比喻放在明白的间架里。他的诗没有寻常的章法,一部分一部分可以懂,合起来却没有意思。他要表现的不是意思,而是感觉或情感;仿佛大大小小红红绿绿一串珠子,他却藏起那串儿,你得自己穿着瞧。这就是法国象征诗人的手法;李氏是第一人介绍它到中国诗里。"③ 朱自清这些文体评论都极有见识,并且说明文体批评在中国现代文学批评中占着重要的地位。以上所述无非说明中国现代文学尽管刚刚改用白话语体写作,但作家的文体意识很强,他们知道写什么很重要,怎么写,

---

① 洪深:《戏剧的方法》,见《中国现代文论选》第 1 册,贵州人民出版社 1982 年版,第 304~305 页。
② 见《中国现代文论选》第 1 册,贵州人民出版社 1982 年版,第 155、157 页。
③ 同上。

怎么营造富于艺术魅力的文体同样也很重要,并为此下了很大的功夫。

建国以后前十七年的文学创作,取得了很大的成绩,涌现了许多优秀的作品。但由于受"文艺从属于政治"的影响,文艺与政治贴得太紧,这就出现了一个偏重内容的时期。题材问题,即写什么的问题成为关注的中心。这无论从理论的论争,还是从这时期的代表作"三红"、"一创",都可以得到证实。文体意识变淡了,艺术形式问题,文学语言问题,常被当作细枝末节加以对待。文学批评也以评论人物、故事为主,语言问题仅被简单地捎带上一句半句。这种情况直到新时期开始时的"伤痕文学"、"改革文学"、"反思文学",也还大体上继续着,题材仍然是作家们的兴奋中心。也许是时代氛围的感召,也许是受西方20世纪文学和文学的语言本体论的冲击,也许是作家们感到在题材上已变不出新的花招,也许是作家们感到光是一样的写法太没劲了,作家们终于领悟到怎么写,也许跟写什么一样重要。同样的一个老故事,换一副笔墨来写,就可能产生意想不到的新鲜、新奇,文体意识终于觉醒了。作家们终于认识到,题材的新款、奇特,不能保证你的作品不朽,如果你写得毫无韵致,毫无文体的话。题材是身外物,只有文体才属于你自己。这不能不说是当代中国文学的一大进步、一大特征。汪曾祺把小说语言小品化,创造了一种冲淡雅致的文体。王蒙主要依靠语言的错位,创造了富于时代感的幽默文体。阿城写的是社会人生,却能使用一种田园化的文化文体。张承志、邓刚刚致力于小说语言的诗意化,创造出了动人的诗体小说。莫言以感觉化的自由语体,令世人刮目相看。贾平凹、邓友梅、陈建功小说语言的地域化,也吸引着众多的读者。王朔小说语言的世俗化和调侃性,也让读者相当过瘾。在诗的文体方面,也在进行着成功的、半成功的、不成功的实验。不管怎么说,作家们感到光靠题材"轰动"的时期过去了,追求风致、笔性、格调、意味、气韵,一句话,追求文体的时期开始了。而文学理论界呢,也开始出现意象、比喻、象征、隐喻、反讽、悖论、叙述人、叙述时空、叙述语调、叙述节奏、叙述功能、叙述情境等语汇,对作品的文体批评和分析时兴起来了。但总的看,理论还是落后于创作。批评家们有点匆忙上阵之感,理论准备不足,甚至连文体这个概念也还不甚了然。这是促使我写此书的一个重要原因。

文体作为文学形式问题决不是小问题。恩格斯在他的晚年非常诚恳地谈到:在他和马克思的著作中,通常总是"把重点放在从作为基础的经济事实中探索出政治观念、法规观念和其他思想观念以及由这些观念所制约的行为","但是我们这样做的时候为了内容而忽略了形式方面,这些观念是什么样的方式和方法产生的。这就给敌人以称心的理由来进行曲解和歪曲"。恩格斯的这些话的重要性在于教导我们谈论任何一种观念形态(其中也包括文学)时,都不应该"为了内容而忽略了形式",为了题材而忽略文体。忽略了文体的文学理论,至多只是半截子理论。

(原载《文体与文体的创造》,云南人民出版社 1994 年版)

论文学文体

文学创作面临两大问题,即写什么和怎么写的问题。写什么的问题,即题材问题,是重要的,不可忽视的。但文学作品的价值并不完全决定于写什么,所谓"题材决定论"肯定是错误的。新时期社会主义文学发展的一个趋势,就是有越来越多的作家意识到怎么写的问题的重要性,于是有所谓文体意识的觉醒的说法。但什么是文体呢?大家的看法很不相同,本文将在回顾中外各种文体概念的基础上,提出文体是一个系统的新观点,供讨论和参考。

一、文体概念回顾

西方关于文体的概念大体上有以下八种:

1. 偏离说

此说认为文体是对语言规范的偏离。持此说的比较重要的代表有法国诗人瓦莱里、法国文体学者吉罗(pierre Gniaut)、奥地利文体家莱奥·息匹茨(Leo Spitzer)和俄国形式主义学派。在他们看来,那种反复被人们使用的规范的语言,其表现力在使用中耗尽,已成为一种不能引起特殊反应的"自动化"的语言,不能构成有魅力的文体。文学语体必须是"陌生化"的,是对常规语言的偏离和扭曲,这种语言才能使人获得新的感受,才能构成有表现力的文体。俄国形式主义文论家什克洛夫斯基说:文体"是一种困难的、扭曲的语言",文体家总是表现出"对不规范的语言的偏爱",因为这样才能"把对事物的通常的感觉转移到新的感觉范围,从而产生一种特殊语义的变化"①。偏离说道出了文体的一种特征,但此说把文体归结为纯语言形式,是片面的;而且把文学语言都说成是偏离规范的语言,也值得怀疑。

2. 差异说

此说认为文体的本质乃是作家对生活的感受和看法的差异,即不同的文体源于不同作家对生活的不同感觉和观点。法国著名作家普鲁斯特是此说最重要的代表。他曾说过:"作家的文体,正同画家的色调一样,是看法问题,而不是单纯的技巧问题。文体是对世界的看法上的质的差异的揭示,而单凭意识和直接途径是不能实现这种揭示的。如果没有艺术,像这样的差异就会成为每个人的永恒的秘密。"②普鲁斯特这种差别论强调了文体对作家独特感受的依赖,有

---

① 什克洛夫斯基:《艺术作为手法》,《俄苏形式主义文论选》,中国社会科学出版社 1989 年版,第 75、77 页。

② 见"A la recherche du temps perdu", edition de la "Bibliotheque de la pleiade", T・Ⅱ・P・895。

其合理性,但对生活感受的质的差异也必须借助于语言形式才能表达出来,光强调内容也有其片面性。

3. 选择说

此说认为文体是作家面对多种不同词语的一种选择。这就是说,作家要表现某种特定情景,只有某一词语才是合适的,作家必须把这唯一的词语从众多词语中选择出来,这才能构成真正的文体。福罗拜和莫泊桑等都力主此说,如莫泊桑在谈到怎样才能成为一个杰出的文体家时说:"不论一个作家所要描写的东西是什么,只有一个词可供他使用,用一个动词要使对象生动,一个形容词使对象的性质鲜明。因此就得去寻找,直到找到这个词,这个动词和形容词,而决不要满足于'差不多'。"①选择说反对用奇怪、繁杂、神秘的词汇,追求语言的准确性与表现力,与中国古文论所讲的"诗以一字为工"相通,有其合理性。但此说把文体问题归结为选词问题,也失之偏颇。

4. 个性注入说

此说认为文体离不开人,文体说到底是作家的精神个性的表现,或者说是精神个体注入的结果。此说最早的提倡者是法国著名学者布封。布封在《论文笔》中所说"文体(也可译文笔——引者)就是人本身"这句名言,在西方影响很大,黑格尔、马克思都引用过这句话。此说从创造文体的人的个性来说明文体,说明文体根源于作家的主

---

① 莫泊桑:《小说》,《文艺理论译丛》1958年第2期,人民文学出版社出版,第176页。

体性中,这与刘勰在《文心雕龙·体性》篇所说的"体式雅郑,鲜有反其习:各师成心,其异如面"的意思是一致的。此说从一个方面总结了文体的本质,其合理性是显而易见的。但它只揭示了文体的一个深隐的层面,还不能说是全面的、完整的学说。

5. 分布频率说

此说认为形成文体的原因在于某种句型、语体、词汇等语言特征在作品中分布的频率,某种语言因素在作品中出现的频率特别大,就可能形成一种独特的文体,因此文体的钥匙在"分布"(distrbution)。贝尔纳·布洛克(Bernard Bloch)指出文体是"通过语言特征的分布频率及其转换的可能性而实现的信息,特别是这种分布频率和转换的可能性不同于一般语言中同一语言特征的分布与转换"[①]。譬如有的作家在作品中喜用欧化长句或爱好中国古典式短句,其频率分布特别大,就会形成具有不同特色的文体。有的作家用成语、歇后语,或特别喜好方言土语,使其频率的分布异乎寻常,也可能形成各具特色的文体。此说有一定的道理,但仅从某种语言因素使用的频率来说明文体是远远不够的。

6. 情景制约说

此说认为文体受所描写的情景所制约。这就是说,语言作为一种交际工具,必须考虑到人、地、时的因素,也就是必须考虑到超语言的因素,这些超语言因素通称为社会状况或情景,工厂用语不同于学

---

① Repot on the Fourth Annual Round Table Meeting on Linguistics and language Teaching(Washington,D·C·1953)P·40。

校用语，商场用语不同于机关用语，文学作品中描写什么情景，其文体就受什么情景制约。按照大卫·克雷斯托和戴莱克·达威合著的《英语文体调查》一书，他们把情景因素列为八项，即：①个性特征；②局限性的通用语——包括方言和阶层语言；③时间性——指古语、现代语、当代语；④言语手段——包括口头语和书面语；⑤言语的参与者——包括独白、对话、交谈；⑥领域——指职业语、同行语；⑦身份地位——包括正式与非正式，礼貌或亲切，上下关系或血统关系语言；⑧方式——例如书信体、讲演体、对话体等。正是这些情景不同，导致了文体的不同。此说也道出了文体的一种成因，但也难以完整地揭示文体的丰富内涵。

7. 编码或超码说

此说认为，语言本身作为未经使用时的素材，是中性的语言现象的代码（code），经过使用的人们所说的话或所写的作品，已经是编码（encodage）或超码（surcodage）的结果。作为表达了人们思想感情的语言现象，已是非中性的代码，它已反映了人们的主观态度或客观情景，即进入超码境界。经过编码和超码以后，语言现象表现为文体特征，这才传达了信息。因此，格朗热等学者认为，文体存在于超码之中，是特殊编码的结果。此说明显地受结构主义语言学家索绪尔关于语言与言语的区分的影响，即认为话语或作品是把语言代码上的潜在功能现实化，把中性的语言变成了具有生动具体甚至与原义不同的言语，从而产生文体的特征。例如，"红"这个词原义是指一种颜色，但它一旦变成具体语境中的言语成分，有时指鲜艳，有时指革命、流血斗争、牺牲等。此说的缺陷是界说太泛，言语是每个人都有的语言行为,是否所有的言语都具有文体特征呢?这是值得怀疑的。

8. 功能文体说

此说认为文体概念只适用在一定范围内的"封闭性"体系,局限于功能性文体之内,例如反映某种体裁、某种职业或社会阶层的语言,不能推广应用到言语的表情色彩的变体上面去。1953~1955年,苏联语言学界对文体进行过讨论,其中维诺格拉陀夫等就持此种看法。此说指出了文体的功能性这一面是对的,但它排除文体的表达性、表现性另一面就失于偏颇。①

以上八说,大致上可以分成两大类,第一类着眼于语言的表层显现的特征(尽管所强调的方面有所不同),这就是偏离说、选择说、分布频率说、编码或超码说和功能文体说;第二类着眼于文体形成的深层原因,这就是个性注入说、差异说和情景制约说。以上两类八说都抓住了文体的某一要求,都有一定的道理,但又都未能全面地揭示文体本质特征,都有其片面性。从方法论上说都是元素论,不是整体论。

中国对文体的界说也各执一端,没有形成统一的规定。这里我不准备从古到今罗列各种说法,仅引陈望道《修辞学发凡》一书"文体或辞体"这一篇的定义和分类,略作分析。陈先生说:

> 文体或辞体就是语文的体式。语文的体式很多,也有很多

---

① 以上八说的概括和其中所引的一些材料,参考了赵俊欣编著《法语文体学》一书的"总论"部分,上海译出文版社1984年版,第1~6页。

分类。约举起来,可以有八种分类:(1)民族的分类,如汉文体、藏文体……之类;(2)时代的分类,如《沧浪诗话》所举的建安体、黄初体、正始体、太康体、元嘉体、永明体……之类;(3)对象或方式的分类,旧的如《文心雕龙》分为骚、赋、颂赞、祝盟……等等,新的如《作文法》分为描记、叙述、注释、评议等等,都属于这一种分类;(4)目的任务上的分类,如通常分为实用体和艺术体等类,或分为公文体、政论体、科学体、文艺体等类,可以说属于这一种分类;(5)语言的成色特征上的分类,如所谓语录体、口头语体、文言体……之类;(6)语言的排列声律上的分类,如所谓诗和散文之类;(7)是表现上的分类,就是《文心雕龙》所谓"体性"的分类,如分为简约、繁丰、刚健、柔婉、平淡、绚烂、谨严、疏放之类;(8)是依写说者个人的分类,如《沧浪诗话》所举的苏李体、曹刘体、陶体、谢体、徐庾体……柳子厚体、王荆公体……之类。①

陈望道的文体分类很细致,看起来很繁杂,实际上这八类同样也可分两大类,第一类同样着眼于文体表层的语言要求及其构成,如其中(1)、(5)、(6)属于第一类,所关注的是语言呈现体式的不同;第二类同样着眼于文体形成的深隐的主体和对象的原因,重视对象对文体的制约因素的有(2)、(3)、(4)三类,重视文体与主体关系的有(7)、(8)两类。由此不难看出,陈望道用意在分类,从分类中正可窥见中国历来对文体概念的两种界说,第一种把文体界说为语言体式,第二

---

① 陈望道:《修辞学发凡》,上海人民出版社1976年版,第227页。

种则把文体界说为主体的思想感情、个性特征对语言体式的注入。值得注意的是,若从宏观角度看,中国与西方对文体的界说大致上都是从文体的呈现形态和从文体形成的深隐原因两个方面来把握,这种一致性,说明文体确有规律可循,但如果我们更深入地加以比较,就不难发现,西方论文体,更强调表层的语言体式,中国论文体则更强调形成文体的深隐原因。

二、文体是一个系统

中西文体概念的回溯,指明了我们探讨文体应采取的思路,即要从文体的表面语言呈现形态深入到形成文体的深隐原因,对文体浅层与深层要作综合的整体的考察。我们认为,文体是指一定的话语秩序所形成的文本体式,它折射出作家、批评家独特的感觉方式、体验方式、思维方式、精神结构和其他社会历史、文化精神。文体是一个系统。文体从呈现层面看是指文体的话语秩序、话语规范、话语特点,但其背后会有丰富的人文内容。也可以说,文体问题主要是形式问题,但形式是为一定题材工作的,并赋予题材以色彩与韵调,然而题材的性格也必然要制约着形式。

从文体的呈现状态看,文本的话语秩序、规范和特点,要通过三个相互联系又相互区别的范畴体现出来,这就是 1. 体裁,2. 语体,3. 风格。

1. 体裁

体裁问题,是文本的体制问题。现代的诗歌、小说、剧本、杂文、抒情散文、传记文学、报告文学,或古代的赋、诔、铭、律诗、词、曲、章回小说等,是不同的文本体裁,它们分别有严格的规范,这种规范是历史形成的,创作者必须遵守它。古文论中有许多学者强调体裁规范的重要。他们认为"立辞而不明于其类,则必困矣"①,"才童学文,宜正体制"②,"文章以体制为先"③,所以写作前"宜正体制",作品完成后要"不失体裁"。为什么体裁的规范如此重要呢?这是因为不同体裁的作品,各有不同的功能。譬如诗与文的功能是不同的,因此体制也就各异。清人吴乔在《答万季埜诗问》中说:诗与文"二者意岂有异?唯是体制辞语不同耳。意喻之米,文喻之炊而为饭,诗喻之酿而为酒;饭不变米形,酒形质尽变;啖饭则饱,可以养生,可以尽年,为人事之正道;饮酒则醉,忧者以乐,喜者以悲,有不知其所以然者……"在这里吴乔用形象的比喻说明文主言道,具有正伦理教化之功能。诗主言情,具有动人之情感的功能,所以体制上必须有不同的规范。以文为诗,或以诗为文,必然违反体裁规范,必然不能发挥不同体裁作品的功能。所以古文论认为"文莫先于辨体,体正而后意以经之,气以贯之,辞以饰之。体者,文之干也"④。当然,各种文体的体裁规范也没有截然的界限,不同体裁之间可以互相渗透,所谓"定体则无,大体须有"⑤,体裁的某些规定也可以加以变通,不必作茧自缚。还

---

① 《墨子》。
② 刘勰:《文心雕龙·附会》。
③ 倪思语,见吴纳《文章辨体序说》。
④ 陈洪谟语,见徐师曾《文体明辨序》。
⑤ 王若虚:《滹南遗老集》卷三十七《文辨》。

有,文学体裁的规范也在不断发展变化,一味墨守成规也不足取。古文论反复强调:"文变染于世情,兴废系于时序。"①"文章体制,与时因革,时世既殊,物象既变,心随物转,新裁斯出。"②因此作家、批评家摆脱某种体裁的旧套,创造新体,以反映新的生活,表达新的思想感情,也是体裁演变的规律。

2. 语体

体裁作为文体的一个范畴靠什么来体现呢?这主要靠不同的语体加以体现。语体也就是语言的体式。诗歌、小说、戏剧都以生活的体验为对象,但具体对象又不同。诗歌是对情感的体验,小说是对事件的体验,戏剧是对行动的体验,传达不同的体验,要采用不同的语体,诗歌采用抒情体,小说采用叙述体,戏剧采用对说体。总之,体裁的规范与语体的样式密切相关,什么样的体裁要求什么样的语体。这是一般的规定。所谓"正体制",首先是一个选择语体的问题。语体选择不当,文学体裁的规范也就根本谈不到了。试想,一篇抒情诗,却选择了叙述语体,也就离格,最后也就难以成为抒情诗。陆机《文赋》中说:"诗缘情而绮靡",所谓"缘情",即抒发感情;所谓"绮靡",历来解释不同,按比较有权威的李善的解释:"绮靡,精妙之言",这也就是说抒情要靠精妙的语体来体现。

不同的体裁要以不同的语体与之匹配,这是语体问题的一方面;在采用了适当的语体之后,还有一个活用和创造问题,这是语体体现

---

① 刘勰:《文心雕龙·时序》。
② 姚华:《弗堂类稿》。

体裁格式的更为重要的方面。可以这样说,这种创造语体,虽然往往为人所忽视,但正是它体现了文体的重要的本质。因为针对某种体裁,选择某种语体是容易的,但要活用这种语体并显示出不同寻常的特色和魅力来,就不容易了。清人薛雪在《一瓢诗话》中说:

> 诗有品格之格,体格之格。体格一定之章程,品格自然之高迈。品高虽被绿蓑青笠,如立万仞之峰,俯视一切;品低即拖绅搢笏,趋走红尘,适足以夸耀乡闾而已。所以品格之格与体格之格,不可同日而语。

这是非常有见地的话。按我的理解,他这里所说的"体格的格",即按一定体裁所选择一定的语体。如果一个诗人仅仅达到了能按体裁选择与之匹配的语体水平,而不能活用乃至创造独特的语体,那么这如同旧时官吏上朝,拖着长绅带,插着朝笏,混迹人世间,最多也只能在乡邻故里中夸耀而已。"品格的格"是指诗人在遵守了"体格一定之章程"的同时,凭着自己的灵性和审美情趣,获得某种独特的语感,创造出一种独具一格的具有艺术魅力的语体,这种创造语体似乎是作者在不经意之间随手写出,却具有一种出人意料的意味和韵调,具有极为丰富的内涵,这就像一位虽是戴竹笠、披蓑衣者,却立于万仞之巅,能俯看一切。汤显祖说过:"谁谓文无体耶?观物之动者,自龙至极微,莫不有体。文之大小类是。独有灵性者自为龙耳。"[①]

---

① 汤显祖:《汤显祖集·引元长嘘方轩文字序》。

这就是说有灵性的语体,才是至高至活的语体,这才是文体的根基所在。就像甲乙两位舞蹈家同跳一个舞,甲和乙所操的是同一种舞蹈语言,她们的动作都合乎规范。甲虽然跳得很认真,也挑不出毛病,但她的舞姿给人一种费力感、僵硬感,不能引人入胜,乙则跳得很活泼,她的一招一式,如同珠落玉盘,流转自如,变化神妙,一气贯注,诗情画意于舞姿中见出,令人惊叹不已。甲、乙都合体裁的体格,乙高于甲的地方在于乙具有独特的舞蹈"语感"、"语势",即具有独到的品格。文学创作也是如此,仅仅寻找到合于某一体裁的语体,是不够的,还必须有力量营造属于自己的语体,达到即合格,又具有品格,而文体既寓于体格中,更寓于品格中。因此,文体的创造,主要不是指语体体格的选择而言,而是指语体品格的超迈而言。正是在语体品格方面,给作家留下了营造独特文体的广阔空间,并且体现了文体的最深的本质。

3. 风格

当作家将某种语体品格稳定地发挥到一种极致,就形成了风格。风格不能等同于一般的语体品格,它是语体品格的理想状态。风格是文体呈现形态的最高范畴。风格的形成是某种文体完全成熟的标志,因此也是文体的最高体现。关于风格的分类,中外文论家的见解极为分歧。我认为陈望道的分类是比较科学的,他把风格分为四组八类:

(1) 组——由内容和形式的比例,分为简约和繁丰;

(2) 组——由气象的刚强和柔和,分为刚健和柔婉;

（3）组——由于话里辞藻的多少，分为平淡和绚烂；

（4）组——由于检点工夫的多少，分为谨严和疏放。①

按陈望道先生的见解，这四组八类是两端上的东西，位在这两端的中间的固然很多，兼有这一组二组三组以上的风格的也不少。例如简约而兼刚健，或简约而兼刚健又兼平淡，繁丰而兼柔婉，或繁丰而兼柔婉又兼绚烂，都属可能。所难相兼的，恐怕只是一组中互相对立的两体。如下图，图中实线表示可以相兼，虚线表示难以相兼：②

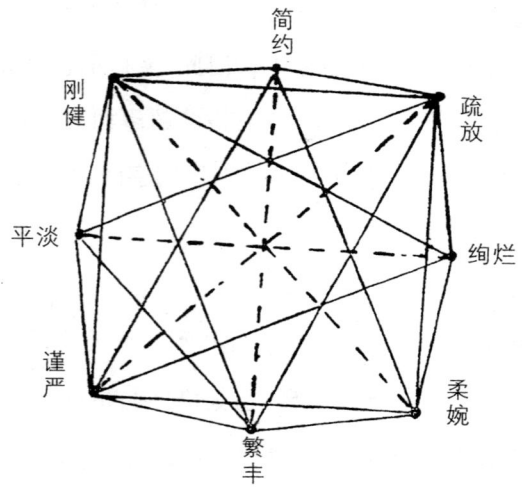

我认为，完整的文体概念应是体裁、语体和风格三者的综合。某种的体裁必定有其规范，体裁的规范要求通过一定的语体加以体现，语体发挥到极致就形成风格。体裁是文体最外在的呈现形态，语体

---

① 陈望道：《修辞学发凡》，上海人民出版社1976年版，第228页。
② 同上，第247页。

是文体核心的呈现形态,风格则是文体的最高呈现形态。三者既有区别,又密切相关。由此不难看出,文体基本上是艺术形式问题。但是如果有人认为文体仅仅是纯形式问题,与时代、生活、思想、情感等无关,那就错了。实际上,文体和文体的演变深刻地折射出客观的描写对象的状态和时代的、民族的、阶级的、阶层的风貌以及历史文化传统,同时又深刻地折射出作家的主观方面的因素,如作家的独特的先天气质、感觉方式、情感方式、思维方式和个性特征等。文体所折射的主、客观因素是文体的深隐系统,也在文体之内,而不是在文体之外。这里我想打一个比方,体裁、语体、风格作为文体的呈现状态是高高飘起的风筝,风筝之美之飘动,最引人注目,而主、客观因素作为文体的深隐系统则是放风筝的人和他手中掣动的线。人与线虽然不引人注目,则不可缺少。完整的风筝活动,应包括风筝和放风筝的人及其手中的线。文体必须包含其呈现和深隐原因两个子系统,如果把深隐系统排除在外,单纯地谈体裁、语体和风格,就如断线的风筝无法把握,最终将失去理解文体的线索。

  文体离不开时代、民族、阶级等客观方面的制约。清人陈廷焯在《白雨斋词话》中说:"少陵每饭不忘君国,碧山(南宋末词人王沂孙)亦然,然两人负质不同,所处时势又不同。少陵负沈雄博大之才,正值唐室中兴之际,故其为诗也悲以壮;碧山以和平中正之音,却值宋室败亡之后,故其为词也哀以思。推而至于《国风》、《离骚》,则一也。"这就是说,时代的不同,使两位同样忠君的诗人,表现出不同的文体。鲁迅在《魏晋风度及文章与药及酒之关系》一文中,也认为汉末、魏初的文章具有"清峻,通脱,华丽,壮大"的文体,"与当时的风气有莫大关系","是时代使然"。文体也离不开作家精神个性的制约,刘勰在《文心雕龙·体性》篇中说:"气以实志,志以定言,吐纳英华,莫非情性。"明人方孝孺在《张彦辉文集序》一文中认为作家之所以会有不同的文体,"要而求之,实与其人类",他举例说:"庄周为人,有壶视天地、囊括万物之态,故其文宏博而放肆,飘飘然若云游龙骞不可守。"清人刘熙载说:"诗品出于人品。"这里所说所谓"情性"、"为人"、"人品",都是指作家的主观条件,主观条件对文体的形成具有重大作用。

我的老师黄药眠早于1949年就认为,造成文体的因素共有十四种:第一,特定的历史社会结构形式的影响。如资本主义社会时代的文体,往往以重点主义、组织严紧、压缩的形势为特征,这种文体决不会与封建社会或奴隶社会时代的文体相同。社会结构形式会在文体上留下烙印。第二,社会发展阶段的投影,同一社会形式,因为发展的各个阶段不同,文学上就会有不同的文体。在统治阶级的统治地位稳固的时候,或者是两个阶级的对立并不严重的时候,和两个敌对阶级斗争得非常尖锐的时候,这两个时代的文体是决然不同的,时代的面影总要折射到文体上面。第三,作者所属的阶级,也会在文体上反映出来。第四,作者所属阶级所站的历史地位不同。第五,作者在阶级斗争尖锐时,从一个阶级转入另一个阶级,这种种情况都会在其文体上留下印迹。第六,作家个人的生活经历,和个人的禀赋,所构成的作家的气质、个性特征。第七,作家的世界观人生观,也是形成文体的重要因素。第八,题材对文体的影响。比方巴尔扎克,他是处在正当法国社会生活各方面都在激烈地改变的时代,因为这个新社会有这么多的复杂的场面,所以帮助他在文学上创造出了新的文体。正如建筑材料之影响到建筑形式一样,新的题材也会影响文学创作上新文体的产生。第九,一定的意识形态对文体具有渗透的作用。第十,时代的风尚和思潮的影响。比方巴尔扎克最先是摹仿斯各得,写些中世纪的罗曼斯,写了几次都不成功,后来受当时写实风气的影响,改变文体,结果他成功了。第十一,历史文化传统也是构成文体的重要因素。任何一个大作家,在其创作起步时,必然有所师承,必然受其心爱的前辈作家的影响。这是从作家个人情形说,再从整个的一般情况说来,过去的文学传统,正是今天文学创作的跳板。离开了过去历史的轨迹,就很难了解今天文体创造的现状。第十二,外来文化艺术对文体的影响。第十三,民族生活、民族气质和民族习惯趣味对文体的影响。比方日本人喜欢盆栽小景,而俄国人则喜爱庞大而沉重的东西,这些民族的生活趣味都要影响到文体。第十四,语言与文字对文体的影响更为直接。各民族的语言都有其自己的特殊的语汇和语法,这些自然会给一定的思想感情以一些限制,同时也就造成不同民族所特有的不同的语感、语势和语调,这是构成文体的又一重要因素。①

以上这些就是我们对文体的理解。如果加以图表化,那么我们就可以绘制出下面这个"文体系统图表":

---

① 以上参见黄药眠《论风格的诸因素》,《黄药眠文艺论文选集》,北京师范大学出版社 1985 年版,第 110～116 页。

文体系统	呈现形态	体裁	诗	抒情诗、叙事诗、格律诗、自由诗等
			小说	长篇、中篇、短篇等
			剧本	正剧、悲剧、喜剧等
			散文	小品文、杂文、报告文学、传记文学等
		语体	一般语体	抒情体、叙述体、对话体等
			创造语体	无限多样
		风格	四组八类	简约——繁丰
				刚健——柔婉
				平淡——绚烂
				谨严——疏放
	深隐因素	客观因素	①题材品性；②时代风貌；③民族特征；④阶级倾向；⑤阶层特征；⑥职业特征；⑦地域风俗；⑧历史传统；⑨外来影响；…………
		主观因素	①家庭出身；②生活经历；③生活习惯；④审美理想；⑤感觉方式；⑥情感方式；⑦思维方式；⑧先天气质；⑨精神个性；⑩创作个性；…………

总之，文体作为一个系统有丰富的内涵。每一位有成就的作家都用自己的作品给文体重下定义。我们认为用整体论观点来把握文体概念，把文体的各个层面都展现出来，并确定其地位，这种做法是比较可取的。

（原载《牡丹江大学学报》1992年第1期）

中国古代文体论述要

从文学传统上看,中国是一个十分讲究文体的国度。我们的祖先在长期的文学活动中,以惊人的创造力,创造了数以百计的文学文体。早在遥远的西周到春秋中叶,仅《诗经》中就有风、雅、颂不同体裁之分,就有赋、比、兴不同语体之分。春秋时期至战国末年,百家争鸣,百花齐放,诸子散文兴盛一时,史传文学也蓬勃发展。战国后期出现的"楚辞",在诗歌文体上掀起了一次革命。汉代则出现了极盛一时的文体——"汉赋",诗体方面则有乐府诗。到魏晋南北朝时期,文学进入了自觉时代,在诗体上五言已达到成熟境界,后来的各种诗体也已开始萌芽或得到确立,而骈文的出现则标志着这个时代在文体方面的创新精神的高扬。降及唐代,近体诗成熟,各体皆备,诗歌创作达到高峰。传奇作为一种文体为后来的小说文体的发展打下了基础。晚唐、五代及宋代的词的兴起和极盛则标志着又一种新文体适应着新的生活汇入众多的文体之流。其后,元曲、元杂剧、明清小说等又应时代的召唤而登上文坛,开出了灿烂的花朵。总而言之,体以代变,各个时代在文体上都有自己的创造和突破,诚如明代胡应麟在《诗薮》中所说:

> 曰风、曰雅、曰颂,三代之音也。曰歌、曰行、曰吟、曰操、曰辞、曰曲、曰谣、曰谚,两汉之音也。曰律、曰排、曰绝句,唐人之音也。诗至于唐而格备,至于绝而体穷。故宋人不得不变而之词,元人不得不变而之曲。词胜而诗亡矣,曲胜而词亦亡矣。明不致于工作,而致于述;不求多于专门,而求多于具体,所以度越元、宋,苞综汉、唐也。

胡应麟对诗文以代变的情况作了很好的描述。与文学体裁的丰富和发展同时,历代作家在语体和风格上的创造,更是用力甚勤,杜甫的"语不惊人死不休"的诗句,概括了历代作家共同的文体追求的强烈愿望和创作状态。总之,我们的先人在文体上的不断的追求,不断的创造,不断的超越,成为中国古代文学活动的鲜明特征。

文体的大国必然也是文体论的大国。中国古代文论在文体问题上的新鲜、独到、深刻的论述,是我们的文化遗产的重要部分,值得我们认真地加以总结和吸收。这里仅就中国古代文论中的文体概念的涵义和文体变异诸因素这两个问题作一粗略的探讨。

一、文体概念的涵义

"体"、"文体"是中国古文论中经常出现的概念。但对这一概念的理解,多数论者仅仅把它归结为"体裁",这种简单化的理解不符合中国古代文论的实际。据我的考察,在中国古代文论中,"体"、"文体"的涵义很丰富,起码可以把它分为三个层次:

(一)文体的第一层次——体裁的规范

"体"、"文体"首先是指作品的体裁、体制。有不少文体论著作主要就在这一层次上进行探讨。

的确,中国古代文论关于体裁、体制的理论非常丰富,它主要集中在体裁的重要意义、体裁的明辨和体裁的分类三个问题上。由于这一层次的问题并不复杂,这里仅粗略地作点述评,不作更多的发挥。

首先,古人对体裁、体制十分重视,提出了"文章以体制为先"[①]的思想,《尚书·毕命》篇将"辞尚体要"与"政贵有恒"并举。其后墨子也早就说过:"立辞而不明于其类,则必困矣。"《尚书》《墨子》所述,很可能是我国文体论的起源。刘勰也说:"夫才童学文,宜正体制,必以情志为神明,事义为骨髓,辞采为肌肤,宫商为声气。"[②]体制对创

[①] (宋)倪思语,转引自(明)吴纳《文章辨体序说·诸儒总论作文法》。
[②] 刘勰:《文心雕龙·附会》。

作十分重要,创作之前"宜正体制",创作之后,要"不失体裁"。那么,为什么体制如此重要呢?明朝徐师曾回答说:"夫文章之体裁,犹宫室之有制度,器皿之有法式也。为堂必敞,为室必奥,为台必四方而高,为楼必陕而修曲,为筥必圜,为筐必方。为簠必外方而内圜,为簋必外圜而内方,夫固各有当也。苟舍制度法式,而率意为之,其不见笑于识者鲜矣,况文章乎!"①明代顾尔行也说:"尝谓陶者尚型,冶者尚范,方者尚矩,圆者尚规,文章之有体,此陶冶之型范,而方圆之规矩也。"②这就是说,创作必须合乎体制,写诗要像诗,写小说要像小说,不能不遵体制随意乱写,如果体制得不到大体的遵守,势必产生非驴非马的东西,非驴非马的"四不像"在动物界是允许存在的,但在创作中则不允许存在。这是我们古人关于文体的一个重要观念,他们强调说:"凡文章体制,不解清浊规矩,造次不得制作。制作不依此法,纵令合理,所作千篇,不堪施用。"③当然他们中有些思想较为开放的人也认识到,体裁的规范不是死板的、绝对的,它仍然有一定的灵活性,所以他们说"定体则无,大体则有",也就是在遵守体裁大体上的规范的前提下,允许变形,允许创造,允许丰富,允许发展。

其次,既然体制如此重要,那么"辨体"——辨明各类文体之异同——就成为一项重要的理论课题。历代文体学家都在概括各类文体的不同特点上,即在"辨体"上进行了反复探讨。在他们看来,"文各有体",若"以文为诗",或"以诗为文"就如同接错了榫,是万万不行

---

① 徐师曾:《文体明辨序》。
② 顾尔行:《刻文体明辨序》。
③ 遍照金刚:《文镜秘府论·论文意》。

的。若"以词为诗,诗斯劣矣;以诗为词,词斯乖矣"①。

古人探讨得比较多的是诗与文的区别、诗与词的区别。

诗与文的区别,金代元好问说:"诗与文,特言语之别称耳,有所记叙之谓文,吟咏情性之谓诗,其言语一也。"②他的意思是文主记叙,诗主抒情,这是不错的,但说诗、文语言没有区别就欠妥当。明代李东阳的看法与此不同,他说:"夫文者言之成章,而诗又其成声者也。章之为用,贵乎纪述铺叙,发挥而藻饰;操纵开阖,唯所欲为,而必有一定之准。若歌吟咏叹流通动荡之用,则存乎声,而高下长短之节,亦截乎不可乱。虽律之与度,未始不通;而其规则,则判而不合。及乎考得失,施劝戒,用于天下,则各有所宜,不废。"③李东阳则比较具体地说明了诗与文在语言上的不同,是很有见地的,弥补了元好问论点之不足。另外明代王文录认为:"文显示目也,气为主;诗咏于口,声为主。文必体势之壮严,诗必音调之流转。是故文以载道,诗以陶性情,道在其中矣。"④王文录强调文必须有气势,诗必须音调流转,这点区别也是重要的。在诗与文的区别问题上,清代吴乔的意见也较值得重视,他说:"又问'诗与文之辨'?答曰:二者意岂有异?唯是体制辞语不同耳。意喻之米,文喻之炊而为饭,诗喻之酿而为酒;饭不变米形,酒形质尽变;啖饭则饱,可以养生,可以尽年,为人事之

---

① 李开先:《李开先集·闲居集·西野春游词序》。
② 元好问:《遗山先生文集》卷三十六。
③ 李东阳:《怀麓堂集》文后卷三《春雨堂稿序》。
④ 王文录:《文脉》。

正道;饮酒则醉,忧者以乐,喜者以悲,有不知其所以然者……"[1]吴乔通过比喻把诗与文的不同的审美特性作了生动有趣的揭示。综观以上诸论,说明了以下几点:一、文主叙事言道,诗主抒情言志;二、文讲究气势之贯注,诗讲究声韵之婉转;三、文主"醒",要明确达意,诗主"醉",要含蓄朦胧;四、文以载道,重实用,诗以冶情,重塑灵。

诗与词作为中国古代发展到极致的文体,同中有异,异中有同。古人对此也多有辨析。古人认为,词是"诗余",所谓"诗余",就是指诗的变体,因此词起源于诗,与诗有许多相同相通之处,如宋代朱熹说:"古乐府只是诗,中间却添许多泛声。后来人怕失了那泛声,逐一声添个实字,遂成长短句,今曲子便是。"[2]既然词由诗演变而来,那么它们之间在抒写真性情、真景物上就是基本相同的。这一点清代田同之说得很清楚:"词与诗体格不同,其为摅写性情,标举景物,一也。若夫性情不露,景物不真,而徒然缀枯树以新花,被偶人以衮服,饰淫靡为周、柳,假豪放为苏、辛,号曰诗余,生趣尽矣。亦何异诗家之活剥工部,生吞义山也哉!"[3]这就是说,在抒情写景的真切生动上,诗与词是一致的。但古人又认为,诗与词又有很大差异。第一,词与诗在音律、用字和语调上很不相同。宋代沈义父说:"词之作难于诗。盖音律欲其协,不协则成长短之诗;下字欲其雅,不雅则近乎缠令之体;用字不可太露,露则直突而无深长之味;发意不可太高,高

---

[1] 吴乔:《答万季埜诗问》。
[2] 朱熹:《朱子语类》。
[3] 田同之:《西圃词说》。

则狂怪而失柔婉之意。思此,则知所以为难。"①这里,从音律、下字、用字和发意四个角度正确地说明了词区别于诗的特点,是很有见地的。第二,古人认为词与诗在意象的营构上也有区别,明代朱承爵说:"诗词虽同一机杼,而词家意象亦或与诗略有不同。句欲敏,字欲捷,长篇须曲折三致意,而气自流贯乃得。"②第三,从更深层次上说,古人认为词与诗在意味、格调上也有所不同,宋代张炎认为:"簸弄风月,陶写性情,词婉于诗;盖声出莺吭燕舌间,稍近乎情可也。"③又明代李开先也说:"词与诗,意同而体异,诗宜悠远而有余味,词宜明白而不难知。以词为诗,诗斯劣矣;以诗为词,词斯乖矣。"④他们从不同的侧面说明了词婉约明白而诗悠远含蓄的不同意味和格调。

再次,在辨体的基础上进行文体分类,这一直是历代文体学家所做的一项重要工作。文体分类可以追溯到先秦时期,《诗经》是当时的诗歌总集,《尚书》是当时的散文集,这种将诗与文汇成不同集子的做法,就表明了当时的人们已具有文体分类意识了。《诗经》又分为风、雅、颂三类,《尚书》又分为典、谟、训、诰、誓、命六类,进一步说明古人已能根据作品体制和用途的不同进行较具体的分类工作。但真正的文体流别论殆发轫于魏晋以后。曹丕的《典论·论文》正式提出文体分类问题,他把当时文体分为"奏议"、"书论"、"铭诔"、"诗赋"四科。其后晋初陆机的《文赋》也具体谈到了文体的分类问题,他将作

---

① 沈义父:《乐府指迷·论词四标准》。
② 朱承爵:《存馀堂诗话》。
③ 张炎:《词源·赋情》。
④ 李开先:《西野春游词序》。

品分为诗、赋、碑、诔、铭、箴、颂、论、奏、说等十类,并简明扼要地说明了各类文体的不同特点。稍后于陆机的挚虞的著作《文章流别志论》,论述各类文体的性质、起源和演变,真正是一部文体论专著,他还撰有一部《文章流别集》,这是一部选辑各种作品的文章总集,按文体的不同编排,可以见出各类文体的区别和源流。可惜这两部书均已亡佚。仅在《艺文类聚》、《太平御览》中存《志论》的片断佚文。从这片断佚文中,可以看见该书至少论列了颂、赋、七、箴、铭、诔、哀辞、解嘲、碑、图谶等十一类文体。与挚虞的《文章流别论》同时,还有李充的《翰林论》,此书也是文体论专著,唐初时已亡佚,仅存残文,从残文看,论列到的文体有书、议、赞、表、驳、论、奏、檄等八类。

我国第一部按体区分、从类编排的著名文学总集是梁代萧统主编的《昭明文选》,全书收录了周代至六朝梁以前七八百年间一百三十多个作者的诗文作品七百余篇,其分类之具体细致,是空前的,由于它对后代文体分类影响巨大,特将文体分类细目抄录如下:

第一、赋类

1.京都赋;2.郊祀赋;3.耕藉赋;4.畋猎赋;5.纪行赋;6.游览赋;7.宫殿赋;8.江海赋;9.物色赋;10.鸟兽赋;11.志赋;12.哀伤赋;13.论文赋;14.音乐赋;15.情赋。

第二、诗类

1.补亡诗;2.述德诗;3.劝励诗;4.献诗;5.公䜩诗;6.祖饯诗;7.咏史诗;8.百一诗;9.游仙诗;10.招隐诗;11.游览诗;12.咏怀诗;13.哀伤诗;14.赠答诗;15.行旅诗;16.军戎诗;17.郊庙诗;

18.乐府;19.挽歌;20.杂歌;21.杂诗;22.杂拟。

（以下各类不再有子目）

第三、骚类。第四、七类。第五、诏类。第六、册类。第七、令类。第八、教类。第九、策类。第十、表类。第十一、上书类。第十二、启类。第十三、弹事类。第十四、牋类。第十五、奏记类。第十六、书类。第十七、檄类。第十八、对问类。第十九、设论类。第二十、辞类。第二十一、序类。第二十二、颂类。第二十三、赞类。第二十四、符命类。第二十五、史论类。第二十六、史述赞类。第二十七、论类。第二十八、连珠类。第二十九、箴类。第三十、铭类。第三十一、诔类。第三十二、哀类。第三十三、碑文类。第三十四、墓志类。第三十五、行状类。第三十六、吊文类。第三十七、祭文类。

萧统对文体分类的贡献可以归结为如下两点:第一、他的《文选》首次在文论史上划清了文学与非文学的界线。在《文选》中,他主要收具有文学性的诗、赋和散文,而不收非文学性的先秦的经、史、子著作,并在《文选序》中指出诗、赋、散文这些"篇章"不同于经、史、子的特点在于它们"以能文为本",他所说的"能文",是指这些作品"事出于沈思,义归乎藻翰",即指出了它们通过艺术构思并用美丽的词藻加以表现的文学品格。萧统这一认识,不但使他能根据一定的标准编选出一部很有意义的诗文集,而且对于促进其后文学的自觉和独立都产生了极其深远的影响。第二,他搜集了自先秦至梁代的丰富、完整的材料,进行全面细致的考察比较,按类区分,类下系文,第一次完成了文体分类工作。这与前此曹丕等人那种举例式的说明是大不相同的。这对以后文体分类工作的影响也是巨大的。但《文选》的文体分类也存在着过分"碎杂"的缺点。

在梁代,与《昭明文选》几乎同时出现的,还有刘勰的《文心雕龙》。《文心雕龙》是古代文论中体系最恢宏、结构最紧密的所谓"体大而思精"(章学诚语)的文学理论专著,它涉及了文原论、创作论、作品论、鉴赏论等各个方面,而文体论则是其着重阐述的方面,全书共五十篇,从第六篇"明诗"至第二十五篇"书记",共二十篇,都是文体论,因此从其所占分量看,《文心雕龙》也可看做是文体论专著。在这二十篇中,在篇名中标出来的文体共三十三类,这就是诗、乐府、赋、颂、赞、祝、盟、铭、箴、诔、碑、哀、吊、杂文、谐、隐、史传、诸子、论、说、诏、策、檄移、封禅、章、表、奏、启、议、对、书记。此外作为总论中的"辩骚",也可看作文体论。还须指出的是上述三十四类,都还只是见篇名的大类,在大类下又常常分细类,如"论说"篇中又分传、注、评、序、引等,"书记"篇中又分谱、籍、簿、录、方、术、占、式、律、令、法、制、符、契、券、疏、关、刺、解、牒、状、列、辞、谚等各种不同的体裁。如果细算起来,《文心雕龙》所列的文体可能超过《昭明文选》。《文心雕龙》对文体分类的贡献有以下三点:第一,它以当时流行的"文"与"笔"的区别为分类基础,但又不囿于文、笔之分。以文、笔来区分文章体裁开始于晋代,流行于齐、梁。所谓"文"是指韵文,所谓"笔"是指非韵文,刘勰说:"今之常言有文有笔,以为无韵者笔也,有韵者文也。"①刘勰《文心雕龙》的文体分类,即基本上按文笔两大类加以区分,刘师培《中古文学史》中写道:"《雕龙》篇次言之,由第六迄第十五,以明诗(按:实际上应从'辨骚'算起)、乐府、诠赋、颂赞、祝盟、铭箴、诔碑、哀吊、杂文、谐隐诸篇相次,是皆有韵之文也;由第十六迄于二十五,以史传、诸子、论说、诏策、檄移、封禅、章表、奏启、议对、书记诸篇相次,是皆无韵之笔也。此非《雕龙》隐区文笔二体之验乎?"刘师培指出了《文心雕龙》以文、笔作为分类的标准,这是符合该书的实际的。应该指出的是,当时以"文"、"笔"来区别文章体裁,在主张骈体文的人那里,其旨义是把有韵之"文"称为"文",看成是具有文学性的,而把无韵之"笔"则一概排斥在文学的门外,这种分法虽有一定道理,如把有韵之诗、赋跟一般文章区别开来了。但显然也有不足,因为在魏晋之前,中国并未进入文学自觉时代,文史哲不分家,其中许多具有文学性的篇什就夹杂在诸子、史传中,因此严格地以"文"、"笔"来区分文学与非文学并不是科学的。刘勰鉴于此,他在《文心雕龙》中,一方面以"文"、"笔"作为分类的基本依据,所谓"论文叙笔,则囿别区分",另一方面又扩大"笔"的范围,把诸子、史传也包括进来,这样做虽不免把文学与非文学的界线弄模糊了,但结合中国古代文学发展独特情况看,还是比较合理的,因为诸子、史传中确有富于文学意味的篇章和段落。文笔问题是一个十分复杂的问题,在这里不拟展开讨论。第二,《文心雕龙》对文体分类的贡献主要在于它开创了一个纵深地阐明文体特点的方法。这就是说,刘勰在阐明各类文

---

① 刘勰:《文心雕龙·总术》。

体特点时,都遵循"原始以表末,释名以章义,选文以定篇,敷理以举统"的步骤和原则。① 所谓"原始以表末",是说推求各体的来源,叙述它的流变;所谓"释名以章义",是说解释各体的名称,显示它的意义;所谓"选文以定篇",是说选取有代表性的作品以说明不同文体的特征;所谓"敷理以举统",是说要阐明各类文体写作的理论依据和规格要求。《文心雕龙》二十篇文体论都按这样四个纵深层次加以论列,因而具有完整、周详而具体的特征。这在古代文体论中可以说是空前绝后的。第三,《文心雕龙》在进行文体分类时,对相近的文体进行了必要的比较,使人对相近文体的同与异有清楚的了解,这是一件艰难而细致的工作,刘勰在这方面也竭尽全力,达到了目的。但《文心雕龙》在文体分类上也有局限,刘勰标榜"五经"为"文之枢纽",是众体之源,把经书抬到各体之上,就有失偏颇,这是因刘勰的征圣、宗经、原道的文学观点所致。

　　唐、宋以降,各代所编的文章总集不可计数,但它们大多受《文选》的影响按体编排,依类收文,如宋人姚铉编《唐文粹》,规模也不小,但一味效法《文选》。在文体分类学上,守成有余,创新不足。只是宋代真德秀的《文章正宗》化繁为简,把文章分为辞命、议论、叙事、诗赋四大门,在门下系类,开了后世分门系类的先河,较富于新意。明代又出了两部文章总集,就是吴纳的《文章辨体》和徐师曾的《文体明辨》。此二书的"序说"部分,对各类文体从名称、性质、源流上都作了较详尽的说明,具有文体论性质。但在文体分类上除在文体上有

---

① 刘勰:《文心雕龙·序志》。

所扩充之外,"分类碎杂"的弊病并未克服。清代桐城派古文家姚鼐编撰的《古文辞类纂》七十五类,以自己的眼光选录了自战国至清代的古文辞赋,书中将文体划为十三类,依次为论辩类、序跋类、奏议类、书说类、赠序类、诏令类、传状类、碑志类、杂记类、箴铭类、颂赞类、辞赋类、哀祭类。书首有序目,论述各类文体的特点和源流演变,其中不乏新的识见。但在文体分类学上也还缺乏严格的科学的归纳,姚鼐重新整理、归类的功不可没,然而他在文体分类上对前人的超越也很有限。直到清代末年,梁启超在《中学以上作文教学法》一文中的分类法才进了一步,他认为文章种类可从思想的路径区分:(一)以客观的吸收进来的事物为思想内容者,这是从五官所见所闻……吸收进来的;(二)以主观的发出来之意见为思想内容者,这是从心里而发出来的。第一种是记叙之文,第二种是论辩之文。他认为世间文章不外此两种。他既立此二大纲,又分项目,表如下:

第一类　记叙之文		第二类　论辩之文
记静态的	记动态的	
静中之静——如书籍提要、记画、记建筑等	动中之静——如做已死的人底传状	说喻——对个人,或某某部分人,发表意见,劝其信从。
		倡导——对全国人,或全世界人,标举主义,使其信从。
静中之动——如记一刹那的风景等	动中之动——如记尚在进行中的战事。	考证——或纯粹考证事理,或以为说喻倡导批评对辩之根据。
		批评——批评他人底主张或著作。
		对辩——或答复他人底批评,或自己假设问答。

梁启超的体裁分类在方法上无疑前进了一大步,他从文章内容主要

是来自客观还是来自主观着眼,把文章分为记叙文和论辩文,这是有一定科学性的,带有现代思维的特点。但由于他只着眼于内容,没有把内容和形式统一起来考虑,视野还是不够开阔,方法也还不够细密,在他的分类中,连诗词歌赋也没有位置,这是很遗憾的。

黄侃在谈到古代文体分类时曾说过:"详夫文体多名,难可拘滞,有沿古以为号,有随宜以之称,有因旧名而质与古异,有创新号而实与古同,此唯推迹其本原,诊求其旨趣,然后不为名实玄纽所惑,而收以简驭繁之功。"① 黄侃这里所谈的是对古文论文体分类学在分类上的混乱、碎杂的不满,他的不满是有充分理由的。只有真正的科学方法才能进行科学的归纳、整理、分类,才能"收以简驭繁之功"。值得指出的另一点是,中国古文论文体分类学的还有一个致命的弱点,那就是受儒家封建正统思想的影响,在分类时,始终只把诗文作为对象,而把戏曲、小说以及其他俗文学或排斥在外,或极少涉及。缺少戏曲、小说等的文体分类显然是不完整的。

(二)文体的第二层次——语体的创造

长期以来,我国的古代文论中关于"体"、"文体"的研究,只涉及体裁和风格两个概念,认为"体"、"文体"或是指不同文类的体统、体制、规则,或是指作家创作个性在作品的内容和形式统一中所形成的总特色——风格。有的学者在研究中,也感觉到了"体"、"文体"的内涵一下子就从体裁跨到了风格,这中间跨度太大,缺乏中介概念,难

---

① 黄侃:《文心雕龙札记·颂赞第九》。

以把"体"、"文体"解说清楚，于是就提出了"文体风格"这个概念置于体裁和风格之间，作为一个从体裁过渡到风格的中介概念。这种思路无疑是对的，但对他们提出的"文体风格"这个概念，我一直存在着怀疑。按他们的理解，"文体风格"是指不同的文学体裁由于从不同的方面去概括生活，各有着与它自己相适应的特殊内容，因而带来了风格上的差异，因此体裁对风格有着制约作用，这种由于不同体裁所导致的不同风格，就叫"文体风格"。在这种概念的支配下，有些论者把曹丕、陆机、刘勰对不同文体的"文辞气力"的规定，都称之为"文体风格"。无可否认，由于不同体裁所要求的内容和表现形式不同，也会或多或少影响作品的面貌，一首二十字的五言绝句和长达数百万字的长篇小说给人的印象是很不相同的。然而认为体裁可以决定、制约风格，并提出"文体风格"这一概念，这未必是科学的。因为严格的风格定义必须包括着作家的创作个性，无论中外，风格从根本上说是与作家的创作个性相关的东西，是作为成熟的创作个性在作品内容和形式相统一中按下的印记。风格是指"个别艺术家在表现方式和笔调曲折等方面完全见出他的人格的一些特点"，风格作为艺术独特性的标志，总是"揭示出艺术家的最亲切的内心生活"[①]，离开作家的人格、创作个性和活跃的内心生活，根本就谈不到风格。某种体裁对作品内容和形式极其初步的表面的、一般的规定，至多只能影响到作品的状貌，根本决定不了作为艺术作品审美最高范畴的风格。从这个意义上说，"文体风格"这个概念是不科学的。

---

① 黑格尔：《美学》第 1 卷，商务印书馆 1979 年版，第 373 页。

从古文论的实际出发，某些论者所讲的"文体风格"，实际上是语言体式问题，或者可以简称之为语体、语势问题。语体、语势是我们的古人对"体"、"文体"解说的更深层面，而且是十分重要的层面。一般认为，一定的体裁在语体、语势上有特定的要求。

最早把体裁和语体联系起来考虑的是《周礼·春官》："太师教六诗：曰风、曰赋、曰比、曰兴、曰雅、曰颂。"《诗大序》把"六诗"改为"六义"，这就是有名的"诗之六义"："《诗》有六义焉：一曰风，二曰赋、三曰比、四曰兴、五曰雅、六曰颂。"风、雅、颂是《诗经》中三种不同体裁，赋、比、兴是什么，后人说法不一，至今仍是文论家们的一个热门话题。我的意见是赋、比、兴都是诗的表现方法，更具体地说是由不同的修辞手段所形成的不同语体，朱熹在《楚辞集注》中说："赋则直陈其事，比则取物为比，兴则托物兴词。"朱熹的解释最为简明扼要，也较接近《诗经》的实际，赋——直陈其事，相当于现在的叙述语体，比——取物为譬，以彼物喻此物，是明喻语体，兴——托物兴词，"先言他物以引起所咏之词"，"先言他物"与后面"所咏之词"之间，没有像比那样的明显的类比关系，但都有一种若隐若现的对应关系，实际上是一种隐喻或象征，因此可以说是隐喻、象征语体。

语体、语势作为"体"、"文体"的中介概念，其自觉成熟期是魏晋南北朝时期。曹丕《典论·论文》已把不同体裁对语体的不同要求作了规定。它说："夫人善于自见，而文非一体，鲜能备善，是以所长，相轻所短。"这里的"体"显然是指体裁，意思是说文学体裁很多，对一个作家而言，他必然有所擅长，他不可能各种文学体裁都能把握。后文又说："夫文本同而末异：盖奏议宜雅，书论宜理，铭诔尚实，诗赋欲丽,此四科不同,故能之者偏也;唯通才能备其体。"这里的"体"已不是指体裁,因为这里的八种体裁——奏议、书论、铭诔、诗赋——被合称为"四科","唯通才能备其体"的"体"是指"四科"分别要求的雅、理、实、丽等四种不同的语体。有的学者把雅、理、实、丽称作"文体风格"恐不合适。如果说"雅"、"丽"勉强可以说是风格用语的话,那么"理"、"实"无论如何不是风格用语,实际上雅、理、实、丽都是指语体,"雅"是指适宜于奏议体裁的雅正语体,"理"是指符合于书论的说理议论语体,"实"是指适应于铭诔体裁的简洁、记实语体,"丽"则是指符合于诗赋的或美丽或秀丽或壮丽或艳丽的语体,"丽"是一个很泛的用语,一般不能用来说明具有专门特殊的风格。

陆机的《文赋》继承了曹丕的论述,他说:"体有万殊,物无一量,纷纭挥霍,形难为状……诗缘情而绮靡,赋体物而浏亮,碑披文以相质,诔缠绵而凄怆,铭博约而温润,箴顿挫而清壮,颂优游以彬蔚,论精微而朗畅,奏平彻以闲雅,说炜晔而谲诳。"后文又说:"其为物也多姿,其为体也屡迁。"陆机这段话的中心意思是,客观事物多样而复杂,反映这种客观事物的体裁和与体裁相适应的语体,也应多种多样。他一口气举了诗、赋、碑、诔、铭、箴、颂、论、奏、说等十种体裁,然后一一规定这十种体裁写什么和怎么写。所谓"诗缘情而绮靡,赋体物而浏亮",就是讲诗主要是表现、抒发感情(缘情),与表现、抒发感情相适应,就必须运用"绮靡"的语体写作。"绮靡"是指什么?过去有人把它理解为"浮艳"、"侈丽",从而批评陆机提倡奢华的文风,这种批评不符合陆机的原意。近人周汝昌指出,"绮"本义是一种素白色织纹的缯,《汉书》注:"即今之所谓细绫也。"《方言》说:"东齐言布帛之细曰'绫',秦晋曰'靡'。""绮靡"连用,是同义复词,本意为细好。这就是以布帛的细好来说明诗作为"缘情"的体裁必须以细微精妙的语体与之相匹配。"浏亮",即清明畅达,也是一种语体,这是由赋这种写景陈事(即"体物")所要求的。总之,我以为把"绮靡"、"浏亮"等理解为文体(体裁)所要求的语体规范,比之于把它们理解为"文体风格"更符合陆机的原意。

在曹丕、陆机之后,沈约《宋书·谢灵运传论》关于"文体三变"的提法特别值得重视:"自汉至魏四百余年,辞人才子文体三变,相如工为形似之言,二班长于情理之说,子建、仲宣以气质为体,并标能擅美,独映当时。是以一世之士,各相慕习。"这里,沈约在论述自汉至魏四百年间诗赋的发展,他所说的"文体三变",显然不是指诗赋体裁的变化,也不是指风格三次变化,因为"形似"、"情理"、"气质"皆非风格用语。而是指语言体式的三次转变,即从司马相如铺张语体(即擅长铺写事物形状的"形似之言")→班彪父子逻辑语体(即擅长说理抒情的"情理之说")→曹植、王粲的质朴、含蓄语体(即擅长揭示事物内蕴、富于风骨的"以气质为体")三次语体的变化,这与作家的创作个性相关,也与时代的演变相关。

曹丕、陆机等人把"体"、"文体"分为体裁和语体两个层次,并且又把两个层次联系起来,揭示体裁要跟语体相匹配的规律,这是中国古代文体学上的一个重大发展,功不可没。但他们的论述留下了一个很大的问题,即语体要与体裁相匹配的同时,作家还有没有自由创造的可能呢?这个问题由刘勰的博大精深的《文心雕龙》很好地解决了,从而使文体学上了一个新台阶。

刘勰《文心雕龙》涉及"体"、"文体"问题的篇章约占全书二分之一，其中《体性》、《定势》、《通变》、《风骨》等篇文体理论更为精辟，各篇要相互参照，才能求得对刘勰的文体论的准确理解。根据我个人的研究，刘勰的文体论的总原则是在《风骨》篇和《通变》篇中提出来的：

> 若夫熔铸经典之范，翔集子史之术，洞晓情变，曲昭文体，然后能孚甲新意，雕画奇辞。昭体，故意新而不乱；晓变，故辞奇而不黩。(《风骨》篇)

> 夫设文之体有常，变文之数无方，何以明其然耶？凡诗赋书记，名理相因，此有常之体也；文辞气力，通变则久，此无方之数也。名理有常，体必资于故实；通变无方，数必酌于新声；故能骋无穷之路，饮不竭之源。(《通变》篇)

这两段话可以相互参照。首先，刘勰提出了文体学的第一原则——"昭体"，所谓"昭体"，也就是"设文之体有常"，即各种体裁都有其固定的体制，有其大体的规定，因为从"诗赋"到"书记"，无论哪种体裁，都必然"名理相因"、"名理有常"，即不同体裁的名称和规则是世代相传的，历史形成的，是固定了的。只有详悉和遵守不同体裁的体制、规则，才能"意新而不乱"。根据"昭体"的原则，刘勰才在《定势》篇中规定了不同体裁有与之相匹配的不同的语体。语势："是以括囊杂体，功在铨别；宫商朱紫；随势各配。章、表、奏、议，则准的乎典雅；

赋、颂、歌、诗，则羽仪乎清丽；符、檄、书、移，则楷式于明断；史、论、序、注，则师范于核要；箴、铭、碑、诔，则体制于弘深；连珠、七辞，则从事于巧艳。此循体而成势，随变而立功者也。虽复契会相参，节文互杂，譬五色之锦，各以本采为地矣。"这就是说，不同的体裁，要配以不同的语体、语势，如章表、奏议，要配以典雅语体，赋颂歌诗要配以清丽的语体，这叫"随势各配"，"循体而成势"。《定势》篇中就此打个比方："圆者规体，其势也自转；方者矩形，其势也自安。文章体势，如斯而已。"意思是说，圆形的东西，它的重心不确定，其势必然是转动的，而一个方形的东西，重心稳定，其势必然趋于安定，文章的体与势的关系也是如此。"势"——语势——是由体裁的名理所规定的。对《定势》篇的"势"的理解，众说纷纭，莫衷一是。我认为只要将《定势》与《风骨》、《通变》、《体性》诸篇相互参照起来看，"势"即《通变》篇中所指的"文辞气力"之势，这种"文辞气力"之势是"循体"而定的。体裁不同，文辞气力也随之不同，体裁要与文辞气力相匹配。而"文辞气力"之势也就是语体、语势。《定势》篇中说"夫情固先辞，势实须泽"，其意思显然是说对某种文体而言，情感先于文辞，文辞是表达情感的，但如何根据情感来选择文辞呢？这就要讲"势"，即自然之势。所谓"势实须泽"，显然是指文辞形式方面的润饰。

其次，刘勰又提出了文体学的第二原则，即"晓变"原则。所谓"晓变"就是在遵守不同体裁应配以不同语体、语势的前提下，作家要懂得对语体灵活创造，变化出新，这就是所谓"变文之数无方"，"文辞气力，通变则久，此无方之数也"。值得特别注意的是刘勰指出"有常"的是"体"（指体裁规则），而无方（无常规）的是"文辞气力"。"文辞气力"即是作家可以自由创造的语言体式之类。这就是"有定而无定",有定的是体裁的规范,无定的是属于作家个人的语言体式的创造。这就是"晓变"原则,有了这个原则,才能"辞奇而不黩",才能"骋无穷之路,饮不竭之源"。在刘勰的思想中,有两种语体,一种是体裁所要求的语体,这种语体是作家们都应遵守的,如章表奏议必须选择与之匹配的典雅语体,赋颂歌诗必须选择清丽的语体,这属于"昭体"原则所决定的,是"定"的方面;另一种语体则是作家以自己独特的审美理想、审美趣味所选择的语体,此语体完全是作家自由的创造,而文体的发展、丰富正有赖于作家对语体的这种充满灵性的自由创造,这属于"晓变"原则所决定的,是"不定"的方面。在文体问题上,刘勰高于曹丕、陆机等文论家之处,不在强调"昭体"原则的重要,而在"晓变"原则的提出。按刘勰的思想,这"晓变"原则又有几条分原则:

第一,"晓变"要顺应自然,按"自然之趣"、"自然之势"去变化,"如机发矢直、涧曲湍回",①如同弩机一发,箭就笔直射出去,溪身曲折,急流因而回旋,完全按自然之势来变化。刘勰批评"近代辞人""率好诡巧",不能顺应自然之势,结果成了"讹势"(即伪体),他认为:"新学之锐,则逐奇而失正;势流不反,则文体遂弊。"②违反"自然之势",文体创造必然失败。

第二,"晓变"要做到"奇正虽反,必兼解以俱通;刚柔虽殊,必随时而适用",③即在语言体式上新奇和雅正虽然相反,一定要加以融

---

① 刘勰:《文心雕龙·定势》。
② 刘勰:《文心雕龙·定势》。
③ 刘勰:《文心雕龙·定势》。

会贯通,刚健和柔婉虽然不同,也一定要在某种合宜的场合加以灵活运用,相克相生,相反相成,变化无穷,不可死守体裁的某些规则。

第三,"晓变"还必须遵守"契合相参"和"以本采为地"①的原理。"契"是两方面的契合,"合"是各方面相通,就在作家写作中,各种语体可以参合起来运用。但又必须像织五色之锦,虽色彩斑斓,又还要有底色("以本采为地")做基础。对创作来说,作品既要有基本语调,但语调太平也不可取,要众声繁会、仪态万千。

刘勰的"昭体"、"晓变"的文体学原则把各个方面都考虑到了,并做了很精当的规定,既坚持了不同体裁的作品的体统、体制必须规范,不可乱来,又提出了作家在大体上遵照文体体制的同时,在语体、语势上可以有充分的自由创造的空间,从而使作家笔下的语体千变万化,纷然杂陈。

刘勰之后,历代理论家、作家对文体中语体这一层有很多论述,或强调文体形成中语体创造的重要,如"为人性僻耽佳句,语不惊人死不休"(杜甫);或强调语言锤炼的功夫,如"二句三年得,一吟双泪流"(贾岛),"百炼成字,千炼成句"(皮日休);或强调语体中炼句的规律,如"我得茶山一转语,文章切忌参死句"(陆游),"须参活句,勿参死句"(严羽);或强调语体中炼字的本领,如"诗以一字论工拙"(晁补之),"诗句以一字为工,自然颖异不凡,如灵丹一粒,点铁成金也"(胡仔),或讲究语体的繁富与简洁、质朴与绮丽、自然与雕琢、平易与浅俗等;其中有许多精辟之论。但总起来看,关于语体创造的原则的论

---

① 刘勰:《文心雕龙·定势》。

述,一般都未超出刘勰所论之范围,这里就不再赘述。

应该进一步说明的是,作为文体的一个层次的语体虽然还不是风格,但并不是与风格无关。因为在作家的自由创造和语体中,或多或少地活跃着作家亲切的内心生活,或多或少地体现了作家的创作个性,所以作为文体的中间层次的语体,已经向风格趋近,似乎可以说作家创造的自由语体是一种"准风格",它还不是真正的风格,但它向着风格延伸、成长。如果这一点可以肯定的话,那么语体就是一个作家的文体创造的突破点和生长点,其重要性是显而易见的。

(三)文体的第三层次——风格的追求

语体若想完全成熟,就必然转化为对文体的最高和最后范畴——风格——的追求。古代文论对风格问题的论述也很多,归纳起来,主要有以下三点:

第一,把作家的创作个性与艺术风格联系起来,认为风格是作家独特的创作个性在作品内容与形式统一中的体现。关于作家与作品有密切关系的思想,发端于孟子,他在《万章》篇中说:"诵其诗,读其书,不知其人,可乎?"其意思是要真正弄明白某种作品之所以是如此,而不是如彼,不了解作家本人的思想是不行的。显然,孟子的话是强调作品的思想与作家思想的内在联系,他并没有强调作家独特个性与风格的联系。但他把作品与作家相联系的方法,对后代文论产生了深远的影响。汉代司马迁的《史记·屈原列传》则把诗人的人品与作品风貌联系起来,他写道:"其文约,其辞微,其志洁,其行廉,其称文小而其指极大,举类迩,而见义远。其志洁,故其称物芳。其行廉,故死而不容自疏。濯淖污泥之中,蝉蜕于浊秽,以浮游尘埃之外,不获世之滋垢,皭然泥而不滓者也。"在这里,司马迁认为屈原的作品风貌与其人品是对应的、一致的,"其文约,其辞微"是因为"其志洁,其行廉","其称物芳"是因为"其志洁"。这种人品与作品风貌的因果关系在东汉王逸的《离骚经序》中得到了进一步发展:"《离骚》之文,依诗取兴,引类譬喻,故善鸟香草,以配忠贞;恶禽臭物,以比谗佞;灵修美人,比媲于君;宓妃佚女,以譬贤臣;虬龙鸾凤,以托君子;飘风云霓,以为小人。其词温而雅,其义皎而朗,凡百君子,莫不慕其清高,嘉其文采,哀其不遇,而愍其志焉。"王逸认为屈原的《离骚》其义"皎而朗",其词"温而雅",是因为屈原为人"清高",却又遭遇不幸。这种说法已从诗人的独特性格和命运来理解作品风貌,比司马迁的看法又进了一步。魏晋南北朝时期,箝制人的儒家思想受到削弱,加之清议流行,品评人物的气度、襟怀,才能在社会上形成风尚,在这种情况下,作家的情性与作品风格具有内在联系的文学思想趋于成熟,真正的风格论也正是在这一过程中产生。首先是曹丕在《典论·论文》中强调作家的气质才性和作品的关系,他漫论建安七子的作品中,指出他们的作品各有所长也各有所短,这都与他们的气度情性密切相关。他特别强调"气"的作用,如说"徐干时有齐气","孔融体气高妙","公干有逸气",他所说的"气",就作家而论,是指作家的气质、气度、才性等,将这些"气"灌注到作品中,就成为作品的风格。其次,陆机的《文赋》更直接将作家的个性与作品的风格一一对应起来:"侉目者尚奢,惬心者贵当,言穷者无隘,论达者唯旷。"曹丕、陆机的论点对刘勰产生了直接的影响,刘勰《文心雕龙·体性》篇则标志了中国古文论中风格论的完全成熟。《体性》篇的"体",已不是指体裁,而是指体貌,即风格,"性"则是指情性、才性,即创作个性。刘勰在《文心雕龙·体性》篇一开头就写道:

> 夫情动而言形,理发而文见,盖沿隐以至显,因内而符外者也。然才有庸俊,气有刚柔,学有浅深,习有雅郑,并情性所铄,陶染所凝,是以笔区云谲,文苑波诡者矣。故辞理庸俊,莫能翻其才;风趣刚柔,宁或改其气;事义浅深,未闻乖其学;体式雅郑,鲜有反其习;各师成心,其异如面。

这段话内容很丰富,下文我们还要进行更深入的讨论,这里仅就其中心旨义"各师成心,其异如面"作点探讨。这句话的意思是,各人按照自己本性来写作,作品的风格就像各人的面貌一样彼此不同。"成心",似来自《庄子·齐物论》:"夫随其成心而师之,谁独且无师乎。"郭象注释道:"夫心之足以制一身之用者,谓之成心。""成心"是作家内在的独特素质,也就是创作个性,作家都是凭借着自己的创作个性进行创作的,因此其作品的风格必然是符合其创作个性的,有多少不同的创作个性,就会有多少不同的艺术风格。创作个性是"隐"在,风格是"显"在,创作个性是"内"在,风格是"外"在,这就是"沿隐以至显,因内而符外",因此"吐纳英华,莫非情性",作品是否达到炉火纯青,完全取决于作家的情性。刘勰一口气举了十二位作家及其作品风格为例,证明他的"表里必符"的原则。自此以后,文品即人品,文如其人的思想在古代文论中扎下了根,历代多有论述。比较突出的如清人沈德潜《说诗晬语》卷二中写道:"性情面目,人人各具。读太白诗,如见其脱屣千乘;读少陵诗,如见其忧国伤时。其世不我容,爱才若渴者,昌黎之诗也;其嬉笑怒骂,风流儒雅者,东坡之诗也。即下而贾岛、李洞辈,拈其一章一句,无不有贾岛、李洞者存。倘词馈贫,工同鏨悦,而性情面目,隐而不见,何以使尚友古人者,读其书,想见其为人乎?"沈德潜强调诗中必有诗人在,这同"吐纳英华,莫非情性"论点一脉相承。又如清人薛雪在《一瓢诗话》中写道:"邕快人诗必潇洒,敦厚人诗必庄重,倜傥人诗必飘逸,疏爽人诗必流丽,寒涩人诗必不羁,清修人诗必峻洁,谨勅人诗必严整,猥鄙人诗必委靡;此天之所赋,气之所禀,非学之所至也。"薛雪所强调则是人的性格与风格的必然联系,这与"表里必符"的思想也是一脉相承的。

第二,把形成风格的内在依据的创作个性,分成先天与后天因素,并揭示二者的辩证关系。这一观点是刘勰提出来的。上面所引"体性"篇开头那段话中,刘勰把作家的创作个性分为两项四方面,就作家先天素质这项而言,包含了"才"与"气"两个方面,刘勰说"才有庸俊,气有刚柔",认为作品的"辞理庸俊,莫能翻其才,风趣刚柔,宁或改其气";就作家后天修养这项而言,也包含了"学"与"习"两项,刘勰说"学有浅深,习有雅郑",认为作品的"事义浅深,未闻乖其学,体式雅郑,鲜有反其习"①。刘勰认为才(才能)、气(气质)、学(学习)、习(习染)这四者构成了作家的创作个性,体现在作品的内容与形式的统一中,就转化为艺术风格。问题是先天的才、气与后天的学、习

---

① 刘勰:《文心雕龙·体性》。

在形成风格中哪个更重要呢？这两者又是什么关系呢？在这个问题上，刘勰提出了"因性以练才"的原则，即要顺着性情和气质来锻炼才能。这就是说，一方面，先天的才能、气质是基始性的东西，所谓"才力居中，肇自血气"①，没有先天的基本条件，后天再勤奋，也不可能形成创作所需的个性和能力，就像一个歌唱家，若没有先天的嗓子条件，仅靠后天的锻炼是难以成材的，所以先天的条件决不可忽视；另一方面，后天的学、习也是重要的，是形成创作个性和才能的关键性的因素，所谓"陶染所凝"、"功以学成"，所谓"习亦凝真，功沿渐靡"，所强调的就是这一方面。这样看来，作家创作个性是先天的"才"、"气"与后天的"学"、"习"的统一，两者缺一不可，仅有先天之"性"，而无后天之"练"，先天的禀赋不能孕育成长，不能得到发挥；仅有后天"练"，缺乏先天的"性"，就像那退化了的种子，再好的土壤、气候条件，施再多的肥，也不可能成长为茁壮的枝叶而开花结果。创作个性只能是在"因性以练才"中形成并成熟。

第三，把纷繁的风格加以归纳，分成若干基本类型。这方面的论述很多，举其要者有，刘勰的《文心雕龙·体性》篇把风格分成八类，即典雅、远奥、精约、显附、繁缛、壮丽、新奇、轻靡；李峤《评诗格》将风格分为"形似"、"质气"、"情理"、"直置"、"雕藻"、"影带"、"宛转"、"飞动"、"情切"、"精华"等十体；王昌龄《诗格》将风格分为"高格"、"古雅"、"闲逸"、"幽深"、"神仙"等"五趣向"；皎然《诗式》将风格分为十九类，即"高、逸、贞、忠、节、志、气、情、思、德、诚、闲、达、悲、怨、意、

---

① 刘勰：《文心雕龙·体性》。

力、静、远";司空图《诗品》将风格分为二十四种:雄浑,冲淡,纤秾,沉着,高古,典雅,洗练,劲健,绮丽,自然,含蓄,豪放,精神,缜密,疏野,清奇,委曲,实境,悲慨,形容,超诣,飘逸,旷达,流动;严羽的《沧浪诗话》将风格分为九品:高,古,深,远,长,雄浑,飘逸,悲壮,凄婉;清人姚鼐将风格分成两大类:阳刚与阴柔;王国维以境界论词,在《人间词话》中将风格分为壮美与优美。在这些风格类型论述中,有的缜密,有的简略,各有其根据。我认为其中以刘勰和姚鼐的分类最有价值,应该得到更高的评价。刘勰在《文心雕龙·体性》中写道:

> 若总其归涂,则数穷八体……典雅者,熔式经诰,方轨儒门者也;远奥者,馥采曲文,经理玄宗者也;精约者,核字省句,剖析毫厘者也;显附者,辞直义畅,切理厌心者也;繁缛者,博喻酿采,炜烨枝派者也;壮丽者,高论宏裁,卓烁异采者也;新奇者,摈古竞今,危侧趣诡者也;轻靡者,浮文弱植,缥缈附俗者也。故雅与奇反,奥与显殊,繁与约舛,壮与轻乖,文辞根叶,苑囿其中矣。

与其他人所举的风格类型不同,刘勰在这里不是随意列出八种风格类型。刘勰显然认为具体风格虽然多得不可胜数,但其分类是有规律可循的。他经过深入的精心的研究提出了两两相对的八种风格的基本类型,就像那照临大地的光线一样,可以有从烈日炎炎到日光惨淡千百种浓浓变化,若任取一缕光线加以分析,就会知道无论哪种情况下的光线都是由红、橙、黄、绿、青、蓝、紫七色光构成的,风格也是这样,尽管具体形态变化无穷,千差万别,但就其基本类型而言就是这八种,所谓"总其归涂,则数穷八体",所谓"八体虽殊,会通合数,得其环中,相辐辏成"①,这就把风格变化规律揭示出来。还特别值得注意的是,刘勰将八种风格两两相对,构成对立的形态,如下图所示:

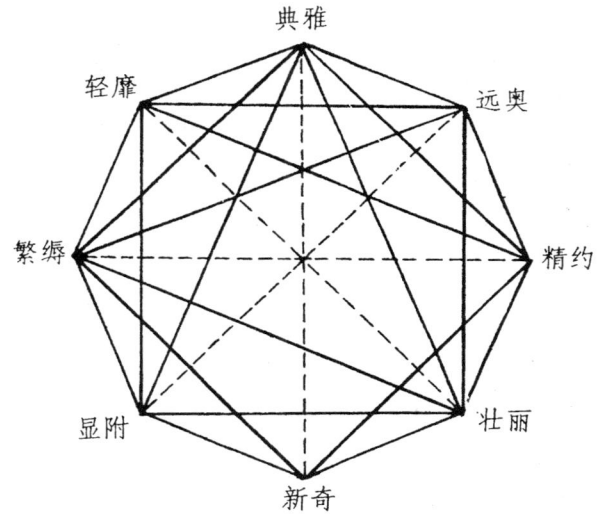

此图虚线两端是对立的,典雅与新奇对立,远奥与显附对立,精约与繁缛对立,壮丽与轻靡对立,实线相连的两端则是两种风格类型的结合所产生的其他风格,这样一来则"八途包万变"②。刘勰关于风格类型及其变化的构思,显然是受《易经》八卦图的影响。按八卦图所示,天地宇宙,包罗万象,变化万千,但产生这大千世界的基本元素只有八种,即天、地、山、泽、水、火、风、雷。八卦就是这八种基本元素的符号。八卦相结合,变成六十四卦,再变三百八十四爻……八卦的变化无穷尽,宇宙万物也无穷尽。其中这八卦也是两两相对,如天与地

---

① 刘勰:《文心雕龙·体性》。
② 刘开:《孟涂骈体文》卷二《书文心雕龙后》。

相对立,山与泽相对立,水与火相对立,风与雷相对立。宇宙就含蕴于这对立而又变化之中。这里反映了我们古人的朴素唯物论和系统论思想。刘勰关于风格的类型对立及其变化的构想,可以说是将八卦及其变化的构思移植到作为意识领域的文学创作中来,因而也具有朴素辩证法和系统论思想,并且反映出风格类型划分的实际,是十分可贵的。刘勰对风格八种类型的划分是相当成功的,其不足是他一概排斥"新奇"、"轻靡"这两种风格类型,认为"新奇者,摈古竞新,危侧趣诡者","轻靡者,浮文弱植,缥缈附俗者"。这是缺乏具体分析的批评。当然一味趋奇走怪,一味轻飘香靡是不好的,但新奇中也有独创之作,轻靡中也有清新之作,特别作为某种真正成熟的风格而出现时,就应该给予一席之地,而不能一概抹倒。也许刘勰对当时文风不正很反感,自有其理由在,但作为一种理论研究,就应该更客观,有更大的包容性,不能以自己的感情好恶作为标准。

姚鼐的风格分类学见于他的《惜抱轩文集》卷六《复鲁絜非书》:

> 文者,天地之精英,而阴阳刚柔之发也。……其得于阳与刚之美者,则其文如霆,如电,如长风之出谷,如崇山峻崖,如决大川,如奔骐骥;其光也,如杲日,如火,如金镠铁;其于人也,如凭高视远,如君而朝万众,如鼓万勇士而战之。其得于阴与柔之美者,则其文如升初日,如清风,如云,如霞,如烟,如幽林曲涧,如沦,如漾,如珠玉之辉,如鸿鹄之鸣,而入寥廓;其于人也,漻乎其如叹,邈乎其如有思,暖乎其如喜,愀乎其如悲。观其文,讽其音,则为文者之性情形状举以殊焉。

司空图在《诗品》中把风格列为二十四种，姚鼐却仅把风格划为阳刚和阴柔两种，这种化繁为简的功夫首先就值得称赞。因为若想繁，不要说二十四种，就是二十四种的数倍也可以并不困难地列出来，但要精当地化繁为简，就不太容易，这需要有深入分析基础上的概括力。而更为重要的是，姚鼐的分类法，将人、人的心理状态、自然景观等混合起来分成阳刚和阴柔两大类，这与瑞典18世纪博物学家林奈的"林奈分类法"不谋而合，而且与格式塔心理学的"异质同构"论也十分相似，即认为人的心理与外界事物是不同质的，但它们的力的结构则可以是相同的，阳刚之人之心之物同是上升结构，阴柔之人之心之物同是下降结构。力的结构的不同，决定了风格的倾向。姚鼐的风格分类法已多少带点现代科学气息，这说明古文论的风格类型学到了清代已从感受式的论列上升到一种理性的认识。

上述古文论关于文体的三层面不是割裂的，而是相互联系的。体裁制约着一定的语体，语体发展到极致转化为风格。体裁、语体、风格不但相联系，而且也相融合，从而构成了一种整体性的气脉、神怀、韵致、境界、至味，而读者往往不是从文体的某一层面去感受、识辨文体，而是从作品的整体性的气脉、神怀、韵致、境界、至味中去感受、识辨文体。

二、文体变异诸因素

综观中国古代文学发展史,文体以代变。"诗文之所以代变,有不得不变者",①那么这"不得不变"的原因是什么呢?中国古文论对这个问题作了深入的探讨,归纳起来,有以下三点:

(一)"文章体制,与时因革"——文体演变的外部因素

"天下无百年不变之文章,有作始自有末流,有末流还有作始。"②任何一种文体都有它的产生、发展和消亡的变化过程。例如在汉代兴盛一时的"汉大赋",随着时间的推移,就成为一种历史的陈迹。魏晋南北朝广泛流行的骈体文也早进了历史博物馆。就连唐代成熟的各种近体诗,虽至今还有少数人在作,但已很衰微,如强弩之末,终将走向灭寂。这是一种历史的趋势,任何人也无法改变它。还须说明的是,古文论中"文体"这一概念,不限于文学体裁,还包括语体、风格等。这一点我已在上文中作了说明。因此,我们所讲的文体的演变是指体裁、语体、风格等的变异而言,而不单是某一文学体裁的兴衰荣枯。

那么,我们的古人是怎样来解释文体的演变的呢?首先他们着眼于时代,认为文体的演变根源于时代的作用,所谓"世道既变,文亦

---

① 顾炎武:《日知录》卷二十一。
② 袁中道:《珂雪斋文集·花云赋引》。

因之"(袁宏道语),所谓"文章应时而生,体各有当"(姚华语)。把文体的变异的原因归于时代的变迁的,首推梁代著名文论家刘勰。刘勰在《文心雕龙·时序》篇中提出了"时运交移,质文代变"、"文变染乎世情,兴废系乎时序"的原理,即认为时代气运交替变化,重质与重文的文体也随时代交替而变化,这就是说,文体的变异受时代情趣的制约,文体的荣枯受时代变迁的影响。刘勰指出,就文体的发展而言,十代九变,唐、虞、夏、商、周、汉、魏、晋、宋、直到齐可分为十个时代,文体的风貌就九次发生变化。这种种变化,与时代风气、世情的变化密切相关。什么是时代的风气、世情呢?这种风气、世情又如何导致文体的变异呢?刘勰在谈到建安时代的文体时这样说:"观其时文,雅好慷慨,良由世积乱离,风衰俗怨,并志深而笔长,故梗概而多气也。"这里所说"世积乱离,风衰俗怨",就是指那个时代战乱频仍、社会动荡、风气衰落、人心怨恨,这种世情、风气就必然激励一些关心世态的力图担负起时代赋予的责任的作者选择了情志深刻、笔意悠长、激昂慷慨、气势旺盛的文体与风格。"三曹"与"七子"的作品就是这样文体与风格的代表。像曹操的《龟虽寿》的"老骥伏枥,志在千里,烈士暮年,壮心不已"的诗句,反映出那个动荡的时代,给人们带来了许多建功立业的机会,所以就是年暮之人也能积极进取,乐观奋进。这是时代所选择的"梗概而多气"的文体。刘勰在谈到西晋时代的文体时说:"自中朝贵玄,江左称盛,因谈余气,流成文体,是以世极迍邅(困难),而辞意夷泰(平淡空洞);诗必柱下(老子)之旨归,赋乃漆园(庄子)之义疏。故知文变染乎世情,兴废系乎时序,原始以要终,虽百世可知也。"这是说降及西晋、东晋,政治局面不稳,社会极为不安定,但人们惧怕政治,想逃避现实,不想有所作为,谈玄之风极盛,这种社会的世情、风气终于"流成文体",诗、赋都以平淡怡静为美,这就说明了文体的变化系乎世情的变化,文体的兴衰系乎社会的变迁。所以刘勰对文体与时代关系作了这样的结论:"故知歌谣文理,与世推移,风动于上,而波震于下者",时代是风,文体是风所震动的波,波随风而动,时代是决定了文体的选择的重要因素。这一结论至今仍是科学的。刘勰之后,许多文论家都沿着刘勰所开辟的这条思路继续探讨,如明代李东阳在《怀麓堂诗话》中说:"汉、魏、六朝、唐、宋、元诗,各自为本。譬之方言,秦、晋、吴、越、闽、楚之类,分疆画地,音殊调别,彼此不相入,此可见天地间气机所动、发为音声,随时与地,无俟区别,而不相侵夺。然则入囿于气化之中,而欲超乎时代土壤之外,不亦难乎。"明代汪道昆在《诗薮序》中也说:"夫诗,心声也。虽古今一也。固体由代异,材以人殊,世有推迁,道有升降,说者以意逆志,乃为得之。"又姚华在《井堂类稿》中的《曲海一勺》中说得更为透彻:"夫文章体制,与时因革,时也既殊,物象既变,心随物转,新裁斯出……故事际一变,则文成一体,一治一乱,文运攸关,说似诡谲,理实寻常。"这就是说,时代变化了,现实的面貌也就各异,而作家的心理随之也发生了变化,而作家审美心理的变异直接导致他们笔下文体的变异。但总的看,后代文论家对文体与时代关系的论述,都未超出刘勰论述的范围与水平。

值得指出的是,刘勰和后代文论家,谈文体与时代关系时,更多地注重各代统治者对文学的提倡、重视或是压抑、贬低,未能从经济基础与阶级斗争、民族斗争等基本方面来分析文体与时代的关系,这是一种局限。实际上,文体与时代的关系,应从经济发展状态、阶级矛盾状态和文化变异等一些更深的层次去寻找。

(二)"因情立体,即体成势"——文体演变的内部因素

时代是形成文体的重要因素,但并非唯一因素。钱钟书教授说:"余窃谓就诗论诗,正当本体裁以划时期,不必尽与朝政国家之治乱盛衰脗合。""唐诗、宋诗,亦非仅朝代之别,乃体格性分之殊。天下有两种人,斯分两种诗。唐诗多以丰神情韵擅长,宋诗多以筋骨思理见胜。""非曰唐诗必出唐人,宋诗必出宋人也。"又说:"夫人禀性,各有偏至。发为声诗,高明者近唐,沈潜者近宋,有不期然而然者。""且又一集之内,一生之中,少年才气发扬,遂为唐体,晚节思虑深沈,乃染宋调。若木之明,崦嵫之景,心光既异,心声亦以先后不侔。"在这里钱钟书提出了诗的"体格性分"(即文体)与诗人的主观世界(禀性、气质、性情、精神状态等)的密切联系,不论哪个时代,都有"才气发扬"、"以丰神情韵擅长"的诗人,也有"思虑深沈"、"以筋骨思理见胜"的诗人,所以在诗体上不论哪个时代都有诗人作唐体和宋体。就是同一个诗人,可能其青年时作唐体,其晚年时作宋体。钱钟书这一论点无疑是很深刻的,而且与中国古文论家的观点一脉相承。

早在汉代,扬雄就提出了"言,心声也,书,心画也,声、画形,君子小人见矣"[①]的论点,这也就暗示出诗作为作家之言是其"心声"的抒泄,因此作家笔下的文体必然与其心灵世界密切相关。但真正把文

---

① 扬雄:《法言·问神》。

体与作家的主观世界联系起来的还是刘勰。刘勰说:"夫情致异区,文变殊术,莫不因情立体,即体成势也。"①意思是说,由于作家主观的情感方式不同,因而创作手法也各有不同的变化,但没有不是依照作家独特的情感方式来确定作品的体制,就着体制形成一种语体、文势。刘勰所说的"情致",毫无疑问是指作家主观世界的特征,即作家独特的情感方式,或热烈的,或深沉的,或忧郁的,或恬淡的,或高扬的,或沉潜的,或外向的,或内向的,等等,都属于不同的情感方式,这种情感方式的不同使作家在创作中必然选择不同的作品体制,这也就是"因情立体",而这种作品体制又必然选择某种语体、文势,也就是"即体成势"。刘勰这里所讲的道理和他在《文心雕龙·体性》篇中所讲的道理是完全一致的。关于刘勰把人的情性分成先天、后天两项四方面的论述,上文已分析过,此不赘述。

后来的文论家们也是沿着刘勰所开辟的思路前进。类似"文如其人"、"诗品出于人品"的论述随处可见。比较值得重视的是清代学者叶燮的关于才、胆、识、力的论述,他说,"大凡人无才,则心思不出;无胆,则笔墨畏缩;无识,则不能取舍;无力,则不能自成一家","曰才,曰胆,曰识,曰力,此四言者所以穷尽此心之神明。凡形形色色,声音状貌,无不待于此而为之发宣昭著","大约才、胆、识、力,四者交相为济。苟一有所欠,则不可登作者之坛。四者无缓急,而要在先之以识"②。虽然叶燮在这里没有直接谈到文体,他主要谈的是一个作

---

① 刘勰:《文心雕龙·定势》。
② 叶燮:《原诗·内篇》。

家创作应具备的主观条件,但从其论述中也可体会到文体作为创作的一个重要方面,与作家主观条件才、胆、识、力息息相关。你有什么样的才、胆、识、力,你笔下的"形形色色,声音状貌"(这里包括了文体)就会是什么样的。概而言之,文体中寓含主体。主体性是文体产生的又一深隐原因。

值得注意的是,我们的古人早已认识到,作家对其作品的内容是可以伪装的,明明是大奸贼,却可以在其作品中忧国忧民,明明是无情者,却可以在其作品中激情澎湃。这就是刘勰所批评的"为文而造情"。其中的典型是"故有志深轩冕,而泛咏皋壤,心缠几务,而虚述人外"①,即有些热衷于高官厚禄者,却空泛地歌唱田园的隐居生活,有些一心牵挂着繁忙的政务者,却空说遁世的情趣。元好问写道:"心画心声总失真,文章宁复见为人?高情千古《闲居赋》,争识安仁拜路尘!"②这里讲的是晋朝的潘岳,此公趋炎附势,争名夺利,俗得不能再俗,据《晋书·潘岳传》记载,"岳性轻躁,趋世利,与石崇等诌事贾谧,每候其至,与崇辄望尘而拜",但这样一个人却可以写出《闲居赋》、《秋兴赋》等作品故作清高雅洁,这就说明"文如其人",往往不表现在作家主观世界与其作品内容的符称上面,因为作品的内容是可以作伪的。但就文体而言,作家的心灵本色则必然要流露出来,他有怎样一种心胸,就必然会有怎样一种文体。就是想作伪也做不到。唐顺之在《答茅鹿门书》说:

---

① 刘勰:《文心雕龙·情采》。
② 元好问:《论诗绝句三十首》。

今有两人，其一人心地超然，所谓千古只眼人也，即使未尝操纸笔呻吟，学为文章，但直据胸臆，信手写出，如写家书，虽或疏卤，然绝无烟火酸馅习气，便是宇宙间一样绝好文字。其一人犹然尘中人也，虽其颛颛学为文章，其于所谓绳墨布置，则尽是矣；然番来覆去，不过是这几句婆子舌头语，索其所谓真精神与千古不可磨灭之见，绝无有也。则文虽工而不免为下格，此文章本色也。即如以诗为喻：陶彭泽未尝较声律，雕句文，但信手写出，便是宇宙间第一等好诗，何则？其本色高也。自有诗以来，其较声律，雕句文，用心最苦而立说最严者，无如沈约，苦却一生精力，使人读其诗，只见其捆缚龌龊，满卷累牍，竟不曾道出一两句好话。何则？其本色卑也。①

这里所说的"本色"就是指作家的人品、胸襟、情感方式、思维方式等，这种本色必然要在其文体上折射出来。陶潜本性超然绝俗，所以就是信手写出的文字，也具有高格的文体；沈约本性狭小庸俗，所以即或较声律、雕文句，其文体终落"捆缚龌龊，满卷累牍"的低格。任何作家在文体上都无法作假，他的心灵的一切都要在文体上曝光。记得美国著名诗人华尔脱·惠特曼也说过："在你写的东西中，没有一个特征不是你自己身上的。如果你凶恶庸俗，那是逃不过任何人的眼睛的。如果你喜欢吃午饭的时候背后站着一个仆人，那这也会表现在你作品里。如果你爱唠叨，好嫉妒，看女人的样子下贱，这些都

---

① 见《荆川文集》卷七。

会表现在你有意省略的地方,甚至将会表现在你尚未写出的东西里。"①这意思是说,尽管你的作品中不会去写这些属于你的本性的东西,但在语气上、在文势上、在语体上、甚至在你省略的地方,一句话在你的文体上,你的心灵中的一切都是无法掩饰的,无论如何都要表现出来的。中国古代诗人中常有这一类趣闻,据说宋代:"晏元献诗但说梨花院落、柳絮池塘,自有富贵气象;李庆孙等每言金玉锦绣,仍乞儿相。"②在这个问题上,钱钟书承继了古文论的思想,得出了比较清楚、明确的结论,他说:"'心画心声',本为成事之说,实少先见之明。然所言之物,可以饰伪:巨奸为忧国语,热中人作冰雪文,是也。其言之格调,则往往流露本相:猖急人之作风,不能尽变为澄澹,豪迈人之笔性,不能尽变为谨严。文如其人,在此不在彼也。"③这里所说的"格调"、"作风"、"笔性",实际上就是我们所说的文体。钱先生的意思是,作品的内容可以饰伪,所谓"巨奸为忧国语,热中人作冰雪文",但其文体,则必然是"文如其人",作家的主观世界——思想、性格、气质、情趣、情感方式、思维方式等——是制约文体变异的重要因素。

(三)旧体难出新意,遁而作他体——文体演变的自身因素

文体的演变除了上述时代的客观原因和作家的主观原因之外,还有文体自身运动的原因。文体不但以代变,而且某种文体发展到

---

① 见《果戈里是怎样写作的》,天津人民出版社1980年版,第98~99页。
② 见《青箱杂记》卷八。
③ 钱钟书:《谈艺录》,中华书局1984年版,第163页。

一定程度,就开始走向衰落。我们古人所创造的那么多文体,至今仍流传的已不太多。清人沈偶僧、江丹崖《古今词话》中引俞彦的话说:"词何以名诗余?诗亡然后词作,故曰:余。非诗亡,所以歌咏诗者亡也。周东迁,《三百篇》音节始废,至汉而乐府出。乐府不能以代民风而歌谣出。六朝至唐,乐府不胜诘曲而近体出。五代至宋,近体又不胜云板而诗余出。唐之诗,宋之词,甫脱颖而出,传编歌工之口,元世犹然,今则绝响。即诗余中有采入南剧引子,率皆小令,其曼词不知为何物。此诗余之亡,所以歌咏余者亡也。"在这里俞彦大致上描述了古代诗体的兴亡更替。然而问题在于,各种诗体的兴亡更替仅仅是时代客体使然、作家主观使然吗?此问题主要是清代的一些学者提出来的,如黄宗羲说:"诗降而为词,词降而为曲,非曲易于词,词易于诗也。其间各有本色,假借不得。"①这里所说的"各有本色,假借不得",只是指明文体各有特点,无法代替,并没有揭示出文体更替的自身运动的原因。在这个问题上作了比较认真回答的是顾炎武和王国维。顾炎武说:

  诗文之所以代变,有不得不变者。一代之文,沿袭已久,不容人人皆道此语。今且千数百年矣,而犹取古人之陈言,一一而摹仿之,是以为诗,可乎?故不似则失其所以为诗,似则失其所以为我。李杜之诗,所以独高于唐人者,以其未尝不似,而未尝

---

① 黄宗羲:《南雷杂著手稿·胡子藏院本序》。

似也。知此者可与言诗也已矣。①

顾炎武的意思是,某种诗文体制,若千古不变,那就成为人人摹仿的陈词滥调,所以高明的诗人在文体创造中,必须既似旧体,有所继承,又不似旧体,有所创造,这样才能使文体不断得到更新与发展,文体才不会僵化老化。李杜之诗体与旧体相比,在似与不似之间,所以他们的文体创造合乎了文体自身发展的规律,是难能可贵的。"弃我去者昨日之日不可留,乱我心者今日之日多烦忧。……抽刀断水水更流,举杯消愁愁更愁,人生在世不称意,明朝散发弄扁舟。"(《宣州谢朓楼饯别校书叔云》)李白这首诗是古体,作者充分利用了古体诗的某些自由,以错落有致的词语、一泻千里的气势,创造了属于李白自己的那种沉郁奔放的文体。他既大体上遵守了古体诗的规范,但又不为其所囿,突破了某些成规,尽可能发挥自己的个性。这样在诗人的笔下,文体就不是死的规则,而充满了活力,文体也就在推陈出新中得到了发展。"剑外忽传收蓟北,初闻涕泪满衣裳。却看妻子愁何在?漫卷诗书喜欲狂。白日放歌须纵酒,青春作伴好还乡。即从巴峡穿巫峡,便下襄阳向洛阳。"(《闻官军收河南河北》)杜甫此诗被称为他的"生平第一快诗",就体裁上看,是一首严整的七律,其规范性是显而易见的,但其语体上却有突出的创造,特别是最后一联用了四个地名,用"即从"、"便下"加以粘连,音调、语势都迅急如闪电,与一般的七律相比,真是"未尝不似,而未尝似也"。他是根据文体自身的

---

① 顾炎武:《日知录·诗体代降》卷二十一。

规律来运用文体的,所以在他笔下,文体同样充满活力。

王国维对文体自身运动的规律的看法则偏重于体裁兴衰的揭示,他说:

> 盖文体通行既久,染指遂多,自成陈套,豪杰之士亦难于中自出新意,故往往遁而作他体,以发表其思想感情。一切文体所以始盛而终衰者,皆由于此。①

在王国维看来,文体同其他事物一样,处在永恒的运动中,旧体一旦成为陈套,就不能表达新的思想感情,就必然会被淘汰,此时能够表达新的思想感情的新体就应运而生。文学发展史的事实证明,王国维的这一分析是有道理的,中国古代许多文体由于其功能已耗尽,成为文学发展的一种惰力,于是人们抛弃它而创新体,这是文体演变的自身因素。中国古文论所揭示的文体演变的这一因素同样不可忽视。

(原载《东方丛刊》1992 年第 4 期)

---

① 王国维:《人间词话》。

文体功能诸层面

文体功能作为作品语言体式显示的意义所产生的效能,与我们普通语言显示的意义所产生的效能,究竟有没有区别呢?或者我们可以把问题提得更简明一些,即文学作品的意义及其效能与普通用语及其效能有没有区别呢?为了回答这个问题,我们还得从文学语言与日常的普通语言的联系与区别谈起,因为文体意义是靠作品语言体现出来的,不弄清楚文学语言与普通语言的联系与区别,我们就无法进一步弄清楚文体的意义与日常语体的意义的联系与区别,以表现及其效能为核心的文学文体的功能也就不能得到科学的说明。

一、语言性质与文体功能诸层面

日常生活用语与作家写作时所运用的文学语言是一样的,它们用相同的语法规则,一般也遵守相同的语法规则。如鲁迅《祝福》中的一段话:"他是我的本家,比我长一辈,应该称之曰:'四叔',是一个讲理学的老监生。但比先前并没有什么大改变,单是胖了些,但也还未留胡子,一见面是寒暄,寒暄之后说我'胖了',说我胖了之后即大骂其新党。但我知道,这并非借题在骂我:因为他所骂的还是康有为,但是,谈话总是不投机的了,于是不多久,我便一个人剩在书屋里。"这里所用的词汇和语法与我们平常去访亲戚朋友后向人叙述经过时的用语并没有两样,甚至于可以说完全一样。然而如果我们有较好的文学鉴赏力的话,就会发现我们的日常用语与作家的文学用语又有明显的、根本的区别。普通的日常用语只有表意一层功能,而作家的文学用语(如果写得好的话)则有多层功能,诚如著名作家汪曾祺所说:"小说家的独特处,不在他能用别人不用的词,而在别人也用的词里赋以别人想不到的意蕴。"[①]上述《祝福》这段文字的最后一句"我便一个人剩在书屋里",汪曾祺称赞鲁迅在这里用"剩"字另有一番意味,这在普通用语中是不可能的。他甚至为鲁迅的这个"剩"字写了一个词条,将其意蕴注解出来,他写道:"'剩'是余下的意思。有一种说不出来的孤寂无聊之感,仿佛被这世界所遗弃,孑然地存在着了。而且连四叔何时离去的,也都未觉察,可见四叔既不以鲁迅为意,鲁迅也对四叔并不挽留,确实是不投机的了。四叔似乎已经走了一会了,鲁迅方发现只有自己一个人剩在那里。这不是鲁迅的世界,鲁迅只有走。"这完全是一种诗意的注解。"剩"本来是一个普通字

---

① 汪曾祺:《关于小说语言札记》,《小说文体研究》,中国社会科学出版社 1988 年版,第 4 页。

眼,但在鲁迅笔下获得了一种普通字眼所没有的特殊的意蕴。"剩"在这里不仅仅是传达"余下"这一所指的意义,而有着让人品味不尽的内涵。文学语言就是这样,就是再普通的字词,也可赋予它以不普通的、诗意的、完全新的内涵。这里我想再举一个古代文学作品的例子。清代孔尚任的剧本《桃花扇》的《开场》云:"楚孙楼边,莫愁湖上,又添几树垂杨,偏是江山胜处,酒卖斜阳,勾引游人醉赏,学金粉南朝模样。暗思想,那些莺颠燕狂关甚兴亡!""又"是一个极普通的词,意思是说在某个范围之外另有补充。但在这里"又"字获得了丰富的意义。清人杨恩寿在《词余丛话》中就这个"又"字评论道:"一'又'字,将弘光荒淫包扫殆尽,已必其不能中兴,蹈陈、隋覆辙矣。但弘光鄙俚无文,惟解纵烧酒,渔幼女,尚不及《玉树后庭》留有南朝余韵。"杨恩寿的注解是很精到的,你看,一个普通的"又"字在作家笔下获得了多么深厚的意蕴。叙述作品语言所表达的意义这样丰富,所产生的效能如此重要,那么在诗中,这种由语言秩序所蕴涵的意义以及由这意义所产生的效能,就更丰富深厚了,例如下面这句诗"太阳甜甜的","太阳"、"甜甜的"都是普通词语,但经诗人一组合,除了有早晨的太阳让人喜爱这层意思外,还可以让人有一种极为新鲜的丰富的感受:太阳升起了,天空多明朗,大地多宽广,鲜花多美丽,美酒多香醇,爱情多甜蜜,生活多美好……我们还可以联想到许多、许多,其表现的内涵,几乎是无限的。杰出的诗的语言都是如此。

讲到这里,需要简要地说明语言的性质,然后才能确切地指出文学语言传达意义诸层面,以及这些不同层面的意义各自的效能。

上世纪末和本世纪初,瑞士出了一位著名的语言学家,他就是后来获得世界声誉的费尔迪南·德·索绪尔。索绪尔的《普通语言学教程》一书的结构主义思想,不仅改造了语言学,而且对美学、文艺学等一系列学科也产生了深远的影响。他的语言学思想很丰富,其中之一就是关于符号、所指、能指的理论。索绪尔说:"语言符号联结的不是事物和名称,而是概念和音响形象。后者不是物质的声音,纯粹物理的东西,而是这声音的心理印迹,我们的感觉给我们证明的声音表象。它是属于感觉的,我们有时把它叫做'物质的',那只是在这个意义上说的,而且是跟联想的另一个要素,一般更抽象的概念相对立而言的。"[①]"因此语言符号是一种两面的心理实体,我们可以用图表示如下:

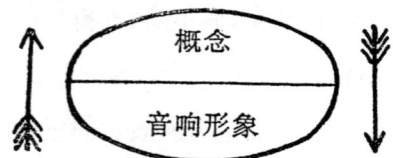

这两个要素是紧密相连的而且彼此呼应。很明显,我们无论是要找出拉丁语 arbor 这个词的意义,还是拉丁语用来表示'树'这个概念的词,都会觉得只有那语言所认定的联接才是符合实际的,并把我们所能想象的其他任何联接都抛在一边。……我们建议保留用符号这

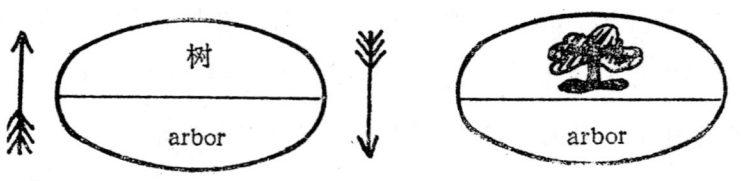

---

① 索绪尔:《普通语言学教程》,商务印书馆 1985 年版,第 101 页,第 102 页。

个词表示整体,把所指和能指分别代替概念和音响形象。后两个术语的好处是既能表明它们彼此间的对立,又能表明它们和它们所从属的整体间的对立。"①按索绪尔的意思,语言单位是由两项要素构成双重性的东西,人们发出"shu"或"arbor"这个声音,一方面为人们指示一切木本植物树,另一方面则为人们提供了音响形象,一种可供人们联想的"声音表象"。前者称为"所指",后者称为"能指",语言符号就是由所指和能指结合而成的。文艺学在运用"能指"这个词时,扩大了它的内涵,认为"能指"的运用除了指音响形象所联想的"声音表象"外,还可以使人感受到更生动更深刻更有意味的形象、情感和韵调等。这样一来和文学语言符号相对应的就不仅仅是概念和"声音表象",还有概念和声音表象以外更丰富的东西。例如诗人艾青在抗日战争时写过一首题为"树"的诗:"一棵树,一棵树/彼此孤离地兀立着/风与空气/告诉着他们的距离/但是在泥土的覆盖下/他们的根伸长着/在看不见的深处/他们把根须纠缠在一起。"在这首诗里,"树"这个词是所指,指木本植物,诗里写树一棵又一棵分离着,被风和空气隔开,它们的根须在泥土下伸长着,根须纠缠在一起。这把树的基本特点描写出来了,这样我们就获得了诗的第一层意义——表意意义或表意功能;但从整体的语言秩序中,我们又觉得这不是抽象地写树,作者把一棵又一棵挺拔兀立的,根须纠缠在一起的树的形象,真切地生动地描画出来了,这样我们就获得了诗的第二层意

---

① 索绪尔:《普通语言学教程》,商务印书馆 1985 年版,第 101 页,第 102 页。

义——表象意义或表象功能；再进一步，我们又似乎感受到诗还不仅单纯地写树及其形象，诗人是以树象征人，以树的雄姿和根性来象征抗日战争中独立而团结奋战、一致反抗日本帝国主义的侵略的中国人，这种象征不但是确切的，而且是具有浓郁的诗意的，这样我们就获得了诗的第三层意义——表现意义或表现功能。我们可以用图表示如下：

在具体作品中一切都要转变为文体，那么这首诗的一切都要转变为文体，而作为作品意义效能的文体功能，也顺理成章地分成三个层面：

一般地说，一部文学作品的文体必须具有以上三种功能，才能称得上是优秀的文体。

二、文体的表意功能和表象功能

1. 文体的表意功能

任何一部作品都通过语言描写一定的人、事、景、物。读者则通过想象将作者所描写的人、事、景、物在自己心中"翻译"出来，从而了解作品所传达的意思，在读者心中造成一定的效能，这就是作品的表意功能。在艺术低劣的作品中，如"文革"时期的"人民公社就是好"，"文化大革命就是好"，"拿起笔做刀枪"之类的诗歌中只是喊一些概念性的口号,它们仅有表意功能,如果这些作品有文体的话,也是一种很特殊的文体,不是真正意义上的文体。在优秀作品中,文体的表意功能与表象功能、表现功能是不能完全分开的,这三个层面是密切结合在一起的,但表意功能是推开艺术世界的第一动力因而又是重要的,不可缺少的。例如诗人臧克家的《老马》:"总得叫大车装个够,它横竖不说一句话,背上的压力往肉里扣,它把头沉重的垂下! 这刻不知道下刻的命,它有泪只往心里咽,眼里飘来一道鞭影,它抬起头望望前面。"这首诗写于1932年,通过这八行诗,首先让我们了解到有那么一匹羸弱老马每天在皮鞭下挣扎,它贡献出许多、许多,自己却伤病累累,它的泪只有往心里咽,它的遭遇引起了我们的同情,同时也引起了对如此对待它的主人的愤恨。这是诗的意义的第一个层面,也是诗的文体功能的第一层面——表意功能。由此可见,表意功能使读者获得了对作品的文体的初步印象,同时又进一步引导读者去想象和深思,想象人、事、景、物的具体生动的形象,深思其中蕴涵的意味。比如在上面所引的这首诗中,我们就会进一步想象这匹老马因负重过多、劳累过度使它凄然沉默、压力往肉里扣、连站也站不住的形象(表象功能),再进一步深思,觉得这匹马的形象是象征,它象征着旧中国那些遭受地主残酷剥削压迫的苦难农民,诗人对苦难农民寄予了深切的同情,对压迫剥削他们的地主表示了极大的愤恨。我们还会想到诗人的这种感情是难能可贵的,值得赞扬的(表现功能)。从以上分析,我们可以看到,对作品文体而言,表意功能中有概念的作用,但又不仅仅是概念的作用,语言所表达的概念在语言秩序中已转化为具体可感的诗的思想感情了。表意功能已带有审美因素,尽管还不是太多。

一般地讲,由于"表意"处于文体的较浅的层面,它只是传达大致的思想感情,因此它基本上可以由一种文字翻译成另一种文字。外国小说之所以能翻译成汉语,中国小说之所以能翻译成英语、法语等,就因为在表意传情方面,各种语言是基本可以转换的。我之所以说"基本上"可以转换,而不说"完全"可以转换,就因为语言作为符号不单纯是工具,它本身也是一种文化。例如中国某些成语、歇后语等,都带有中华民族文化的根基,要准确地翻译成外语,并让不熟悉中华民族文化的人去理解,就比较困难。例如在我们的小说、散文中常用的"老鼠过街,人人喊打"、"打落水狗"等词语,都带有民族文化的烙印,直译成英文、法文等,对那些不熟悉中华文化的外国人来说,就会以为我们对生物太不爱惜,太残忍。这就说明一种语言的文体译成另一种语言的文体,就是在表意功能方面也不能不受到减损。

2. 文体的表象功能

表象功能是文体功能的第二个层面,也可以说是第一层面到第三层面的中介层面。文学的形象性作为文学的特征之一,已成为多数人的共识。文学作品传达一定的意义,一般不能直白地喊出来,像:"我爱"、"我恨"终究不是诗。意义必须凝结在一定的艺术形象中,才会变得有艺术力量。用古人的话说就是"托物言志"、"寓景于情"。或者如王夫之所说:"情景名为二,而实不可离。神于诗者,妙合无垠。巧者则有情中景,景中情。景中情者,如'长安一片月',自然是孤栖忆远之情;'影静千宫里'自然是喜达行在之情。情中景尤难曲写,如'诗成珠玉在挥毫',写出才人翰墨淋漓、自心欣赏之景。"①他还说:"不能作景语,又能作情语耶?古人绝唱句多景语,如'高台多悲风','蝴蝶生南国'、'池塘生春草'、'亭皋木叶下'、'芙蓉露下落',皆是也,而情寓其中矣,以写景之心理言情,则身心中独喻之微,轻安拈出。"②王夫之强调言情必须写景,景对诗而言就是形象,这就给我们以启发,真正的作品的文体一般应描绘形象,形象具体生动应是文体的一种品质,而由形象所引起的效应就是文体的表象功能。一种文体若能"状难写之景如在目前"(梅圣俞语),那么表象功能就能发挥到极致。如杜甫的《闻官军收河南河北》:"剑外忽传收蓟北,初闻涕泪满衣裳。却看妻子愁何在?漫卷诗书喜欲狂。白首放歌须纵酒,青春作伴好还乡。即从巴峡穿巫峡,便向襄阳向洛阳。"全诗喜庆、喜悦之情溢于言表,但杜甫的这种感情不是喊出来的,而是"画"出来的。就以"漫卷诗书喜欲狂"一句来看,金圣叹解释说:"'漫卷诗书'妙,身在剑外,惟以诗书消遣过日,心却不在诗书上。今已闻此捷音,极其得意,要这诗书何用?见摊在案头者,趁手点一卷去,不管他是诗是书,一类非一类也。写初闻光景如画,为一解。"③不难看出,由于杜甫把"初闻"喜讯后的狂喜之情形象化了,所以这首诗的表象功能也发挥到极致,似乎让读者活生生地看到了一个喜极而泣的杜甫及其神情状貌,杜甫的狂喜似乎也传染了我们,我们不禁也欣喜起来,这就是文体的表象功能。一般地说,表象功能比表意功能寓含

---

①② 王夫之:《姜斋诗话》。
③ 金圣叹:《杜诗解》。

了更多的审美因素,读者在手捧作品之际,似乎见到了真人真事真景,并为栩栩如生、呼之欲出的人物景物形象而感动得落泪,兴奋得想歌唱等阅读反应,主要是文体表象功能的审美因素发挥作用的结果。

三、文体的表现功能

文体的表意功能和表象功能一般地说是被词、词组、词组群所直接呈现的意义限定的,是"所指",它是既定的明确的,因此它们一般是可译的。表现功能则完全不一样,它的意义是不被或不完全被词、词组、词组群所限定的,是"能指",它属于另一个系统即诗意的系统。萨丕尔说:"对我们来说,语言不只是思想交流的系统而已,它是一件看不见的外衣,披挂在我们的精神上,预先决定了精神的一切符号表达的形式。当这种表达非常有意思的时候,我们就管它叫文学。"[①]所谓"非常有意思"的表达,就是一种超越一般指涉意义的诗意的表达,它已摆脱了词典意义的限制,进入到另一个系统中,词语原有的指涉意义已变得不确定,呈现出多义或歧义的状态。以日常用语中的数量词为例,在日常对话中,一就是一,二就是二,所有的数词都是确指;但在诗意的系统中,文体的表现功能改变了这种确指,一可以不是一,二可以不是二。譬如元代徐再思的《双调水仙子·夜雨》中的句子:"一声梧叶一声秋,一点芭蕉一点愁,三更归梦三更后。"作者

---

① 爱德华·萨丕尔:《语言论》,商务印书馆1985年版,第198页。

在这里连用三个叠句和六个数量词来表现自己的客愁与乡思。这里的"一声梧叶"落地,并非指一片梧叶落地,只是言梧叶落地之"少","一声秋"则指秋夜凄凉之"重"。在这里,这两个"一声",都不受词典意义来限制,而只是受诗的整体的制约。"一点芭蕉一点愁",其中的"一点"也要如是分析。又如唐代王驾的名句:"一行书信千行泪,寒到君边衣到无?"其中"一行"、"千行",都不是在词典意义中的运用,而是在诗意系统中的运用,无法凿实。由此不难看出,在诗中,文体的表现功能已不受词、词组、词组群的原意的限定,而且它也不是那种既定的、明确的意义,只是一种间接暗示出来的意义,是"言外之意","弦外之音","韵外之致"。在小说和剧本中,日常的平淡话语同样也可以获得不平淡的意味,日常话语中不合理的用法也可以变得既合理又艺术。其根本原因就在于这些平淡的话语已被纳入到作品的诗意系统中,超越了普通语言,而获得了新的意义。譬如,当代著名作家汪曾祺的短篇小说《钓人的孩子》中有一段描写:"抗日战争时期。昆明大西门外。米市,菜市,肉市。柴驮子。马粪。粗细瓷碗,砂锅铁锅。焖鸡米线,烧饵块。金钱片腿,牛干巴。炒菜的油烟,炸辣子的呛人的气味。红黄蓝白黑,酸甜苦辣咸。每个人带着一生的历史,半个月的哀乐,在街上走。栖栖惶惶,忙忙碌碌……"这里所用的词都是极普通的生活词,对于熟悉昆明集市的读者来说,一点也不陌生,也可以说全是熟语。如果把这些词语孤立起来看,干巴巴的,一点诗意也没有。可是作家一旦把它们纳入到诗意的描写系统中,情况就发生了变化。在这里每一个名词都获得了不平常的意味。似乎每一个名词都活跃着生命的力量,都渗透着人生的体验,都焕发着新的光辉。同样,在小说和剧本中,不合理的叙述只要经过诗意系统的有力的整合,也可以转化为艺术的富于表现力的叙述。譬如莎士比亚的《罗密欧与朱丽叶》第一幕第一场罗密欧有这样一段话:"啊,吵吵闹闹的相爱,亲亲热热的怨恨! 啊,无中生有的一切! 啊,沉重的轻浮,严肃的狂妄,整齐的混乱,铅铸的羽毛,光明的烟雾,寒冷的火焰,憔悴的健康,永远觉醒的睡眠,否定的存在! 我感觉到的爱情正是这么一种东西,可是我并不喜爱这一种爱情。你不会笑我吗?"这种"悖论"式的句子,表面上看极不合理,但进一步体会,则又觉得至为恰当,因为爱情的确不是只有一个单向意义的明确的所指,它既是亲热又是怨恨,既是轻的羽毛又是重的铅块,既热如火焰又冷如冰霜,一切似乎都是,一切又似乎都不是,它是难于言说的,更难于下定义。文体的表现功能似乎就在这难于言说又非说不可之间发挥到某种极致。在文体的表现功能中活跃着最丰富的审美因素,读者一旦把握住了文体的表现意义,那么他的心灵在瞬间就进入了一种自由的状态。要而言之,对文体的表现功能,我们必须明确两点:

第一,文体的表现功能要求作家去表现、读者去领会一种难于言说的思想感情。梅圣俞说:诗家"造语",必能"含不尽之意,见于言外,然后为至矣。"对这种"见于言外"的"不尽之意",清代学者叶燮作了非常清晰的说明,他说:"诗之至处,妙在含蓄无垠,思致微妙,其寄托在可言不可言之间,其指归在可解不可解之会,言在此而意在彼,泯端倪而离形象,绝议论而穷思维,引人于冥漠恍惚之境,所以为至也。""可言之理,人人能言之,又安在诗人之言之! 可征之事,人人能述之,又安在诗人之述之! 必有不可言之理,不可述之事,遇之默会意象之表,而理与事无不灿然于前者也。""惟不可名言之理,不可施见之事,不可径达之情,则幽渺以为理,想象以为事,惝恍以为情,方为理至、事至情至之语。"①这就是说,只有当文体围绕着这种"可言不可言"、"可解不可解"的浑茫、悠远的对象,反映微妙精深的"理"、带有想象性的"事"、带有模糊性的"情"时,文体的表现功能才能产生并发挥作用。

第二,文体的表现功能要求作家以间接的暗示方法来吸引读者的注意。直接的确指的方法不能赋予文体以表现功能。诚如乔治·桑塔耶纳所说:"在一切表现中,我们可以区别出两项:第一项是实际呈现出的事物,一个字,一个形象,或一件富于表现的力的东西,第二项是所暗示的事物,更深远的思想感情,或被唤起的形象、被表现的东西。"②这就是说,如果作家只是直接地写了"实际呈现的事物",那么这事物不具备表现的价值,不带有表现的功能,因为它只是传达了一些信息,这信息并未发生深刻的审美转化;只有当作家通过"第一项"而表现"第二项",即表现"所暗示的事物"时,被表现的事物就发人深思、引人遐想,文体表现功能才能充分的发挥作用。以海明威的《老人与海》为例,作家笔下的老渔夫桑地亚哥连续七十四天未捕到鱼,以及第七十五天费了九牛二虎之力终于捕到一条大马林鱼,在返航途中,鱼肉又被鲨鱼抢吃掉的情形,属于直接呈现的事物,然而作家的文体力量在于他通过这个老渔夫的故事的描写,暗示出人们那

---

① 叶燮:《原诗·内篇》。
② 乔治·桑塔耶纳:《美感》,中国社会科学出版社1982年版,第132页。

种受到屈辱而又不甘受屈辱的生存状态,那种明知不可为而为之的硬汉子的精神。这暗示出来的精神给读者以持久的、巨大的心灵震撼。文体的表现功能正根植于这种暗示中、象征中。

无论中外,都有美文不可译的谈论。笼统地说美文不可译并不科学。实际上应该将美文分为两项,第一项是美文作品所直接呈现的事物,它提供了一定的信息,这基本上还是可译的。也正基于此,中外的诗歌互译才成为事实。第二项则是美文作品所要表现的那种极为微妙极为复杂的弦外之音、韵外之致,这种东西既带着个性的烙印又带着深刻的文化印痕,这的确是难于翻译的。这是因为不同的语言已深深地带有文化的品格和时代的精神,人们已不可能将其完全消除而去适应带有另一种文化品格和时代精神的语言所表现的东西,更重要的是,这带有另一种文化品格和时代精神的语言所表现的本身就是唯一的表现,用别的语言去完全地"再版"出来的确是不可能的。从这个意义上说,文体的表现功能对于不同的民族而言,是最为隔膜的。也正因此,同一首唐诗或宋词在日本或别的国家可以数十次被翻译,每一次被翻译,其译者总觉得还有一些只为汉民族所特有的心境、情绪、意识、画面,基于汉民族传统文化的那种只可意会不可言传的东西未被完全翻译出来,留待更高明的译者去琢磨和把握。而这些难于翻译的地方,也正是文体的表现功能作用的中心地带,它证明着文体的表现功能是一种顽强的和难于被征服的力量。

(本文是即将由云南人民出版社出版的《文体与文体创造》一书的一节)

(原载《东方论坛》1993年第1期)

论美在于内容与形式的交涉部

　　艺术作品区分为内容与形式两个要素。或者说,艺术作品是由内容与形式两个要素构成的。对此,哲学所提的问题是:是内容决定形式,还是形式决定内容?内容与形式之间什么是第一位,什么是第二位的等等。美学提出的问题则是:在内容与形式两个因素中,美在何处?这种美又有何特征?等等。哲学与美学所提的问题不同,那么它们的回答也应该有所不同。美学无法代替哲学的回答,但哲学也不应代替美学的回答。这样,美学首先要提的问题是作为内容与形式的结合体的艺术作品,它的美在何处呢?美在内容还是在形式?或者是在内容与形式的统一中?对这个问题历来就存在着不同的、甚至对立的看法。

第一种观点:认为美在于内容

许多理论家都持这种看法。即认为艺术作品的根本是生活内容与思想内容,形式只是把内容呈现出来而已,因此美在艺术作品的内容中。车尔尼雪夫斯基的观点可以作为这种看法的一个典型代表。

在车尔尼雪夫斯基看来,"艺术作品任何时候都不及现实的美或伟大",[①]"客观现实的美是彻底的美"[②],而作为艺术作品形式的形象则"只是现实的一种苍白的、而且几乎总是不成功的改作"[③]。这样他就认为,生活内容通过艺术形式的呈现与传达,不但不能增加生活的美,相反还要使生活的美受到损害。那么,人们为什么还需要艺术这种形式呢?他说:"现实的美是完全的美,但是可惜它并不总是显现在我们的眼前……海是美的,当我们眺望海的时候,并不觉得它在美学方面有什么不满人意的地方;但是并非每个人都住在海滨,许多人终生没有瞥见海的机会;但他们也想要欣赏欣赏海,于是就出现了描绘海的图画。自然,看海本身比看图画好得多,但是,当一个人得不到最好的东西的时候,就会以较差的为满足,得不到原物的时候,就以代替物为满足。"[④]车尔尼雪夫斯基的这些看法,包含了两层

---

① 车尔尼雪夫斯基:《艺术与现实的美学关系》,《生活与美学》,人民文学出版社 1958 年版,第 91 页。
② 同上,第 108 页。
③ 同上,第 108 页。
④ 同上,第 91 页。

意思:第一,艺术作品仅仅是生活的蹩脚的替代品,艺术作品的美远远不及生活的美;第二,就艺术作品内部构成看,具有美学意义的是内容,因为这种生活内容,可以"使那些没有机会直接欣赏现实中的美的人也能略窥门径;提示那些亲身领略过现实中的美而又喜欢回忆它的人,唤起并且加强他们对这种美的回忆"①。而艺术形式则仅仅起一种"复制"作用,而且由于这种"复制"是"苍白的"、"不成功的"和"低劣的",它不具有美学意义,不能成为美感的一个来源。用他自己的话说:"艺术形式无法使一篇作品免于轻蔑或冷笑,假如作品不能用它的思想的重要性去回答'值得为这样的琐事呕心沥血吗'这个问题的话。"②

车尔尼雪夫斯基的这种重内容、轻形式的看法是不符合艺术实际的。在艺术作品中,内容诚然是重要的,但形式决不是消极的仅仅起"复制"作用的因素,更不是什么损害生活美的破坏力量。艺术形式在艺术作品中起非常积极的、特殊的和独特的作用,具有非同寻常的美学意义,它是美感的一个重要来源。这是因为在艺术作品中,内容无法独立于形式之外,或者说艺术作品只有在既有的形式中才能存在并发挥它的心理影响。

从艺术与生活的关系看,艺术美高于生活美。艺术再现生活,但又超越生活。毛泽东说:艺术和生活"虽然两者都是美,但是文艺作品中所反映出来的生活可以而且应该比普通实际生活更高,更强烈,

---

① 车尔尼雪夫斯基:《艺术与现实的美学关系》,《生活与美学》,人民文学出版社1958年版,第91页。
② 同上,第94页。

更有集中性,更典型,更理想,因此就更带普遍性。"既然艺术与生活的关系是这样,那么严格地说艺术的起点乃在生活的终点,或者说艺术开始于生活"止步"而形式开始起步的地方。某种生活材料,如果说没有得到艺术的形式表现,仍然是生活材料本身,当然不是艺术;如果仅仅得到艺术形式的消极的"复制",则只能是平庸的艺术;只有得到艺术形式积极的改造、独特的解释和艺术的安排,那才是真正的艺术。艺术形式决非可有可无的细枝末节。非常重视内容的唐代文豪韩愈说:"体不备,不可以为成人;辞不足,不可以为成文。"①清代著名文论家姚鼐也说:"文章之精妙不出字句声色之间,舍此便无可窥导矣。"②历代都有许多"一字师"的佳话,一字之改,往往就使所写的情景形神毕现,魅力无穷,其基本精神也在说明形式中最小的因素关系到作品的整个艺术生命。俄国文学巨匠列夫·托尔斯泰十分重视艺术形式的作用,他举例说:"俄罗斯画家勃留洛夫说过关于艺术的一句意义深长的箴言,……勃留洛夫替一个学生修改习作的时候,只在几个地方稍微点了几笔,这幅拙劣而死板的习作立刻就变得生动活泼了。一个学生说:'看!只不过稍微点几笔,一切都改变了。'勃留洛夫说:'艺术就是从这"稍微"两个字开始的地方开始的。'他这句话正好说出了艺术的特征。"③托尔斯泰认为,艺术形式中"所必须的无限小的因素",仍是"艺术开始的地方"。"所有的一切艺术都是

---

① 韩愈:《答尉迟生书》。
② 姚鼐:《与石甫侄孙》。
③ 列夫·托尔斯泰:《艺术论》,人民文学出版社1958年版,第123~124页。

这样:只要稍微明亮一点,稍微黯淡一点,稍微高一点,低一点,偏右一点,偏左一点(在绘画中);只要音调稍微减弱一点或加强一点,或稍微提早一点,稍微延迟一点(在戏剧艺术中);只要稍微说得不够一点,稍微说得过分一点,稍微夸大一点(在诗中)那就没有感染力了。只有当艺术家找到了构成艺术作品的无限小的因素时,他才能感染别人,而且感染的程度也要看在何种程度上找到这些因素而定。"① 很明显,托尔斯泰这里所说的"无限小的因素",实际上是艺术作品中各个组成部分的对比和构成关系,也即形式的因素。他所说艺术就从"稍微"两个字开始,也即是说艺术开始于形式开始发生作用的地方。

艺术形式的巨大的美学和心理学意义,是可以验证的。可以做一个实验,譬如我们用一般的语言形式来改写杜甫的《闻官军收河南河北》,尽可能地保留这首诗的全部的生活内容和优点,结果会怎样呢?结果我们只能得到这样一个构架:叛乱已平,捷报传来,又惊又喜,纵酒放歌,返家路途已无阻隔,游子归家的愿望已不难实现。这样一个干巴巴的"构架",与诗的原作是无法相比的。原诗"句句有喜跃意,一气流注,而曲折尽情,绝无妆点,愈朴愈真,他人决不能道"②。改写后则诗的意趣、生气、神韵全部丧失,当然诗的神髓和艺术感染力也不复存在。又如,《红楼梦》作为一出悲剧,要是换去它的富于表现力的文字,无懈可击的结构等一切表现形式,把这悲剧化为

---

① 列夫·托尔斯泰:《艺术论》,人民文学出版社 1958 年版,第 123~124 页。

② 王嗣奭评语,见仇兆鳌《杜少陵集详注》。

单纯的事实,用报导性的语言写出来,那么《红楼梦》悲剧的全部的美和人情味儿也就失去了,剩下的只是一些勾心斗角、争风吃醋的人类的愚蠢行为而已,它至多只能引起人们某种好奇心,但要人们受感动却是万万做不到的。有人建议列夫·托尔斯泰用扼要的文字把《安娜·卡列尼娜》的内容概括出来,对此,他断然拒绝,他说:"如果我想用文字说出我打算用长篇小说来表达的一切,我就得从头开始写出我的那部长篇小说……如果批评家们现在已经懂得也可以用小品文来表达我所想说的话,我就该祝贺他们,并且可以大胆告诉人们'关于这一点他们比我知道得多'(法文)。如果近视的批评家们以为我只想描写我所喜爱的东西,诸如奥布朗斯基如何进餐,安娜·卡列尼娜有一对多美的肩膀,那他们就错了。在我所写的一切或几乎一切东西中,主宰我的是要把互相贯穿的思想连缀起来,以便表现自己,但是,如果把用文字表现的任何一个思想从它所在的贯穿关系中抽取出来,它都会丧失其涵义,而大为减弱。这种贯穿本身不是由思想(我想),而是由某种别的东西造成的,而这种贯穿的基础则是直接用文字无论如何也表现不了的;只能间接地——用文字描写形象、动作、情景才行。"①不难看出,托尔斯泰这里所说的思想和文字的"贯穿",正是使作品获得艺术秩序的形式因素。文学作品之所以不可改写,就是因为作品的内容不是独立于形式而存在的,而是贯穿、溶解于特定的形式中,内容是表现在形式中的内容,形式是表现着内容的

---

① 列夫·托尔斯泰:《给 H. H. 斯特拉霍夫的信》(1876 年 4 月 23 日),见《文艺理论译丛》第 1 辑,人民文学出版社 1957 年版,第 23 页。

形式,两者不可分离。某个内容变换了或离开了特定的形式,作品的美感和艺术感染力也就立刻消失。从心理学角度看,任何艺术作品都引导读者的情绪向两个方面展开,一方面是由内容引起的情绪,一方面则是由形式引起的情绪。变换了形式的"作品",已不再是艺术作品,至多只是生活内容的简单复述,由形式所引起的情绪已消失殆尽。它所能引发的只是一种普通的非艺术的情感,这种情感也可能引起心灵的某一角落的激动,从而留下某种印象,就如同在生活中你跟人吵了一架一样地留下心理残迹,但要使人的整个心灵都发生震颤,并使精神进入一种自由的境界,是不可能的。因为导致人的精神进入此种境界的由内容情感与形式情感汇合而成的艺术情感已不复存在。由此可见,对艺术作品来说,艺术形式决不是无足轻重的仅仅起呈现内容的因素,而是一种给内容以美学阐释,并使内容获得艺术秩序的力量,它的美学意义是完全不可忽视的。闻一多甚至说:"诗所以能激发情感,完全在它的节奏;节奏便是格律。莎士比亚的诗剧里往往遇见情绪紧张万分的时候,便用韵语来描写。歌德作《浮士德》也会用同类的手段。"[①]因此,不能说艺术美只在作品内容上,而与形式无关。

值得指出的是,车尔尼雪夫斯基的上述观点跟他的其他一些观点是自相矛盾的。当他强调艺术仅仅是复制现实,只能成为现实的替代品时,他是忽视形式的,认为艺术之美与形式无关。可当他论证

---

① 闻一多:《诗的格律》,《闻一多全集》第三卷,生活·读书·新知三联书店,第413页。

艺术又"说明生活","对生活现象下判断"时,则又不能不肯定形式的某种美学意义,如他说:"当事物被赋予活生生的形式的时候,我们就看到比事物的枯燥的记述时更易于认识它,更易于对它发生兴趣。""诗却永远必须用鲜明清晰的形象来表现事物的主要特征。""从这里就可以看出诗的描绘胜于现实的地方。"①这就说明,连车尔尼雪夫斯基自己也未必相信艺术美与作品形式无关,而仅仅存在于作品内容之中。

第二种观点:认为美在于形式

持这种看法的人也相当多,他们认为艺术作品中的生活、历史、社会、心理内容,统统都是文学的"外界",唯有艺术形式才属于艺术作品的本体,因此艺术美自然就在于形式上面。俄国形式主义、英美新批评、法国结构主义等都是力主这个观点的突出代表。

俄国形式主义者认为,"艺术即手法"(什克洛夫斯基语),文学作品则仅仅是一种语言建构。当然,他们并不否认文学与生活的关系,不否认文学作品再现生活、表现情感,但他们认为生活、情感是宗教学、社会学、政治学、伦理学、心理学范畴的东西,它们处在文学的外部,它们不是文学作品的构成因素。因此,他们认为文学作为一种美是纯粹美,即不依存于内容的纯形式的美。雅各布森提出了一个"文

---

① 车尔尼雪夫斯基:《艺术与现实的美学关系》,《生活与美学》,人民文学出版社1958年版,第101页。

学性"的观念。他说:"文学科学的对象不是文学,而是'文学性',也就是说使一部作品成为文学作品的东西。"①那么什么是"文学性"呢?他们认为,"文学性"无法体现在题材上,因为任何一种题材都可以进入文学作品。"文学性"仅仅是文学作品的形式,尤其是语言形式,至于文学中的社会、历史、心理内容,那是社会学家、历史学家、心理学家的事,它们与文学无关,因为它们不能体现"文学性"。或者说,文学不是生活、情感而仅仅是由词语制造的。什克洛夫斯基说:"如果我们要给诗歌感觉甚至是艺术感觉下一个定义,那么这个定义就必然是这样的:艺术感觉是我们在其中感觉到形式(可能不仅是形式,但至少是形式)的一种感觉。"②当然,文学之美也只能在形式上面,而与内容无关。俄国形式主义的这些论点对英美新批评、法国结构主义都产生了深远的影响。

在"新批评"内部,尽管对作品的内容与形式的关系存在着不同意见,但其基本思想是大体一致的,即认为形式是文学的自足本体,艺术美只能到形式中去寻找。

"新批评"的代表人物,美国现代著名文论家、诗人兰色姆在作品的内容与形式的关系上提出了"构架—肌质"说。他认为一首诗可分为构架(structure)和肌质(texture)两部分。构架是指"诗可以意释而换成另一种说法"的部分,即可以用散文加以转述的东西,是使作

---

① 罗·雅各布森:《现代俄国诗歌》,参见《俄苏形式主义文论选》,中国社会科学出版社1989年版,第24页。
② 什克洛夫斯基:《词的复活》,参见《俄苏形式主义文论选》,中国社会科学出版社,第29页。

品的意义得以贯通的逻辑线索(这相当于通常意义上的内容),肌质则是指作品中那些无法用散文转述的部分,它"并非内容,而是一种内容的秩序"(这相当于通常意义上的形式)。在兰色姆看来诗的本质、精华,诗的美和魅力都在于肌质,而不是构架。"新批评"的另一重要代表人物、捷克出身的美国现代文论家韦勒克则提出"材料—结构"说。他说:"如果把所有一切与美学没有什么关系的因素称为'材料'(material),而把一切需要美学效果的因素称为'结构'(structure)可能要好一些。这决不是给旧的一对概念即内容与形式重新命名,而是恰当地沟通了它们之间的边界线。'材料'包括了原先认为是内容的部分,也包括了原先认为是形式的一部分。'结构'这一概念也同样包括了原先的内容和形式中依审美目的组织起来的部分。"①实际上,韦勒克所说的"材料—结构"与"内容—形式"大体相当。在他看来,材料的意义是微乎其微的,"几乎没有什么艺术品的梗概不是可笑的或者无意义的",因此,"一件艺术品的美学效果并非存在于它所谓的内容中",只有结构才是"积极的美学因素",才能产生"美学效果"。由于"新批评"派认为美在于形式,因此他们把形式看成是文学的本体,把对作品的形式的考察称为"内部研究",把对作品所反映的生活的考察贬之为"外部研究"。

以罗兰·巴尔特为代表的法国结构主义,在作品的内容与形式关系问题上,与俄国形式主义、英美新批评一脉相承,所不同的仅仅

---

① 韦勒克、沃伦:《文学理论》,生活·读书·新知三联书店1984年版,第147页。

是他们把形式强调到更绝对的地步。罗兰·巴尔特说,"叙事作品是一个大句子","叙述作品具有句子的性质"。他同样认为,唯有具有结构功能的语言单位,才是作品的构成因素,而社会生活、主观情感都不在作品的构成之内。他说:"叙事作品中所'所发生的事',从(真正的)所指事物的角度来说,是地地道道的子虚乌有,'所发生的'仅仅是语言,是语言的历险。"①"叙述的代码是我们的分析所能达到的最后层次。""叙述不能从使用它的外界取得意义,超过叙述层就是外界,也就是其他体系(社会经济的,思想意识的体系)。这些体系的项不再是叙事作品,而是另一种性质的成分(历史事实,决心,行为等等)。"②这样一来,作品的美和魅力只能依存于他称之为作为叙述层的形式,也就合乎罗兰·巴尔特的逻辑了。

上述这些论点可以统称为形式主义论。

形式主义论的致命弱点是把不可分离的东西分离开来,并加以本末倒置。这就是说,他们把作品的内容与形式人为地分离开来,把形式看成独立自主的可以与特定的内容无关的东西,这样他们就自然地把艺术的美和魅力都归之于形式。对此,他们是供认不讳的,例如什克洛夫斯基曾这样说:"文学作品是纯形式,它不是物,不是材料,而是材料的比。正如任何比一样,它也是零维比。因此作品的规模,作品的分子和分母的算术的意义无关紧要,重要的是它们的比。戏谑的、悲剧的、世界的、室内的作品,世界同世界或者猫同石头的对

---

① 罗兰·巴尔特:《叙事作品结构分析导论》,《美学文艺学方法论》下,文化艺术出版社 1985 年版,第 561 页。
② 同上,第 555 页。

比——彼此都是相等的。"①这里所说的"作品的规模","作品的分子和分母的算术意义",实际上是指作品的内容,这里所说的"比",实际上是指形式。在什克洛夫斯基看来,内容"无关紧要",重要的是作为"材料之比"的形式,而且这种形式是可以脱离开材料而独立自主存在的。这就等于说,从艺术角度看,描写一场伟大的革命斗争与描写一群狗与狗的互咬是完全没有区别的,无关紧要的,重要的仅仅是其中的"材料的比"。这种"材料的比"凌驾于一切材料之上,可以独立的发生美学作用。

形式主义论的观点是不符合艺术事实的。实际上在艺术作品中,内容与形式不可分离,形式是一定内容的形式,内容是一定形式的内容。没有无内容的纯形式,也没有无形式的纯内容。内容与形式就如同光线穿过水晶、盐溶解于水一般,你无法把它们分离开来。为了强调内容与形式这种不可分离的关系,别林斯基提出了"具体性"这一概念。他指出"具体性"这个词源自拉丁文动词——"结合"(concresco):"我们在这里用它指思想和形式的有机的统一。这样的东西是'具体的',如果它的思想贯穿在形式里,而形式也表现了思想;取消它的思想就取消了它的形式,取消它的形式也取消了思想。换句话说,'具体性'就是思想和形式的隐密的、不可分的、必要的融合,这种融合成为一切的生命,没有它,任何东西都没有生命了。这在艺术作品中尤为显著。"②别林斯基所提出的"具体性"的概念极为

---

① 什克洛夫斯基:《罗扎诺夫》,参见维戈茨基《艺术心理学》,上海文艺出版社1985年版,第63页。
② 《别林斯基论文学》,新文艺出版社1958年版,第2页。

重要,是他在长期的文艺批评实践中把握到的真理性的东西。它说明了那种所谓"艺术中形式就是一切,而材料是没有任何意义"的形式主义论,是极其错误的。按别林斯基的理解,作品的美和魅力不在形式中,而在于内容与形式的这种隐秘的融合中。他强调说:"具体性是真正诗的作品的主要条件,没有具体性的作品是技艺之作,是人造的蔷薇,固然它也有蔷薇的颜色和香气,但没有蔷薇的生命,没有那种说不出名目的、但却含蕴着生命的某种东西。"①

实际上,就艺术作品的内容与形式的关系而言,形式以内容为对象,无论如何,形式不是绝对自由的,形式是表现内容的手段,并归根到底是根据内容的要求而形成的。任何一个艺术家都明白,当他寻找着新的艺术形式时,并不是仅仅为了显示他具有寻找新的艺术形式的本领,而是为了更加突出某项内容,使读者得到更为强烈、深刻的审美反应。从这个意义上,我们可以说,关于形式的工作,不是为形式而形式,而是把形式赋予内容,形式总是有目的、有内容的,总是受目的、内容所制约的。刘勰说:"夫水性虚而沦漪结,木体实而花萼振,文附质。"②这就是说内容是根本,形式是在根本上长出来的枝叶花朵。刘勰还强调不能"为文而造情",而要"为情而造文"。③ 这是深得内容与形式两者关系的精辟结论。杜牧说:"凡为文以意为主,以气为辅,以辞采章句为之兵卫,未有主强盛而辅不飘逸者,兵卫不华赫而庄整者。四者高下圆折步骤随主所指,如鸟随风,鱼随龙,师

---

① 《别林斯基论文学》,新文艺出版社1958年版,第2~3页。
② 刘勰:《文心雕龙·情采》。
③ 刘勰:《文心雕龙·情采》。

众随汤、武,腾天潜泉,横裂天下,无不如意。"①王夫之也说:"无论诗歌与长行文学,俱以意为主。意犹帅也。无帅之兵,谓之乌合。"②这些论述把形式受制于内容的思想讲得很透彻。这是一条艺术定律,不论你是否同意,只要你是一个真正的艺术家、理论家,总是自觉不自觉地要承认它。譬如,俄国形式主义者在这个定律面前就不能不陷入惊人的自我矛盾。一方面,他们反复强调在艺术中重要的不是物,不是材料,不是内容,而是"材料的比",是纯粹的形式;可另一方面,一旦他们要为他们提出的某种手法(如"陌生化")找理由时,又不能不强调采用某种新手法,是为了更鲜明地显示材料、表现内容,并使人更强烈、更尖锐地体验材料、内容本身。

第三种观点:美在于内容与形式的有机统一

持此观点的人就更多。从亚里士多德到黑格尔再到别林斯基、托尔斯泰都力主"有机统一"论,认为艺术之美就存在于作品整体的有机统一中。不过,亚里士多德、别林斯基和托尔斯泰等的"有机统一"论,系指作品的结构而言,侧重于强调作品形式方面的完整性和有机性。黑格尔所论的才是真正意义上的内容与形式的有机统一论,因此我们在这里着重谈谈他的观点。

作为运用辩证法的高手,黑格尔强调内容与形式的不可分割性,

---

① 杜牧:《答庄充书》。
② 王夫之:《姜斋诗话》。

他说:"没有无形式的内容,一如没有无形式的质料……内容之以为内容即由于它包含有成熟的形式在内。"① 在这里黑格尔把事物的内容与形式看成同一事物的两个相互依存的侧面,无内容即无形式,无形式即无内容,内容与形式永远是同体的、密不可分的。对此,列宁予以肯定评价,说:"黑格尔则要求这样的逻辑,其中形式是具有内容的形式,是活生生的实在的内容的形式,是和内容不可分离地联系着的形式。"② 黑格尔把他的这种辩证法运用到作品的内容与形式的关系的论述中去。他说:"文艺中不但有一种古典的形式,更有一种古典的内容;而在艺术作品里,形式与内容的结合是如此密切,形式只能在内容是古典的限度内,才能成为古典的。假如拿一种荒诞的、不定的材料做内容,那末,形式也便成为无尺度、无形式,或者成为卑劣的和渺小的。"③ 他还说:"只有内容与型式都须得彻底统一的,才是真正的艺术品。我们可以说荷马史诗《伊利亚特》的内容就是杜洛坚战争,或确切点说,阿基里斯之震怒;我们或以为这就足够了,其实都很空疏,因为《伊利亚特》之所以成为有名的史诗,乃是它的诗的形式,而它的内容乃是依此陶铸而成。同样又如莎士比亚《罗密欧与朱丽叶》这一悲剧的内容,乃由两姓的仇恨而引起的一对爱人之毁灭;但单是这个故事的内容,尚不足以造成莎士比亚不朽的悲剧。"④ 黑格尔的意思是,一定的内容本身已含有某种外在的、感性的形式,一

---

① 黑格尔:《小逻辑》,商务印书馆,第22页。
② 列宁:《哲学笔记》,人民出版社,第89页。
③ 黑格尔:《历史哲学》,商务印书馆,第111页。
④ 黑格尔:《小逻辑》,商务印书馆,第222页。

定的内容与一定的形式应该相互匹配。一定的内容必然赋予一定的形式,反之,一定的形式也必然赋予一定的内容,内容与形式融为一体,不可分离。而艺术和美也就在这种内容与形式的有机统一中。曾经是黑格尔思想的信徒的别林斯基这样说:"作品里呈现了思想和形式的具体融合,其中思想只通过形式而存在。以确切不移的必然性为基础的'创造的自由'这一规律派生了'具体性'规律。任何艺术作品之所以是艺术的,因为它是依据必然性规律而制作的,因为其中没有任何随意武断的东西;没有一个字、一种声音一笔线条是可以被另外的字、声音或线条去代替的。但不要以为我们因此就抹杀了创造的自由:不,我们这种说法正是肯定了它,因为自由是至高的必然性,凡是不见必然性的地方就没有自由,有的只是任意,其中既没有智慧,意义,也没有生命。艺术家不仅可以改造字、声音和线条,而且能改动任何形式,甚至他的作品的整个部分,但是随着这种改变也改变了思想和形式,它们将不是以前的思想,以前的形式,而是新改过的新思想和新形式了。因此,在真正艺术的作品中,既然一切都依据必然性规律而出现,就不会有任何偶然的、多余的或不足的东西;一切都是必然的。"[①]别林斯基这段话可以说是对黑格尔关于内容与形式的辩证法的最深刻的理解和最透辟的论述。

黑格尔和别林斯基的"有机统一"论,是对作品内容与形式关系问题的哲学的解决,这种解决无疑是正确的,但又是不够的。因为黑格尔和别林斯基的论点运用到其他事物上面,也同样正确。说明黑

---

① 别林斯基:《别林斯基论文学》,新文艺出版社,第3页。

格尔、别林斯基只是揭示了一般事物的内容与形式的关系的共同特征，并没有揭示艺术作品内容与形式关系的特有的审美特征。这也就是说，我们可以同意，艺术与美在于作品的内容与形式的有机统一上面，但这种"有机统一"与其他事物的"有机统一"又有何区别呢？或者说在艺术作品中内容与形式的"有机统一"是如何达到的呢？我们以为要回答这个问题，仅仅停留在哲学辩证法的范畴里是寻找不到答案的，答案在美学的心理学的分析中。

美在于内容与形式的交涉部

那么，作品的内容与形式的美学关系究竟是怎样的呢？

我认为，作品的内容与形式的美学关系，不是一般的决定与被决定的关系，而是彼此相互征服的关系。艺术美正是在这种独特的相互征服中显露出来。应该充分认识到，在艺术作品的构成因素中，内容因素和形式因素其本性是不同的，内容作为生活之流永远是变动不居的，每时每刻都在发展或萎缩，前进或后退，丰盈或贫乏……而形式作为一种建立秩序的力量则要求稳定、固守、确立、物化……另外，内容可能是一种主题、情调、氛围、定向，而形式则可能是另一种主题、情调、氛围、定向，例如死刑（内容）可能是令人恐惧、悲哀的，可形式上却可以"像写鲜花那样去写死刑"（列夫·托尔斯泰语），从而供人享受，这样一来，在艺术构思中，内容因素与形式因素就处于一种相互征服、相互消灭的相生相克的冲突中。内容力图控制形式，形式则力图反过来塑造、组织改造内容。因此，艺术作品中内容与形式的统一,并不是静态的统一,而是对立的统一,冲突、斗争中的动态的统一。

席勒曾提出过这样一个观点,他说:"艺术家通过艺术加工不仅要克服它的艺术门类的特性本身所带来的限制,还要克服他所加工的特殊素材所具有的限制。在真正美的艺术作品中不能依靠内容,而要靠形式完成一切。因为只有形式才能作用到人的整体,而相反地内容只能作用于个别的功能。内容不论怎样崇高和范围广阔,它只是有限地作用于心灵,而只有通过形式才能获得真正的审美自由。因此,艺术大师的独特的艺术秘密就是在于,他要通过形式来消除素材。素材本身越宏伟、越傲慢、越富诱惑力;素材越是专擅地显示自己本身的作用,或者观众越倾向直接介入素材,那种主张支配素材的艺术就越成功。……在艺术中对待最轻浮的对象也必须把它直接转变成极其严肃的东西。对待最严肃的素材我们也必须把它更换成最轻松的游戏,激情的艺术如悲剧也不例外。"①我认为,席勒这番话真正地接触到了艺术作品中内容与形式的美学关系,尽管他的论点是有严重缺陷的。席勒的观点中包括了这样几层意思:第一,内容作为一种素材只能有限地作用于人的心灵,而形式则作用于人的心灵的整体,在艺术品中要靠形式来建立艺术秩序,并完成一切;第二,艺术大师的本领就在于能以形式征服内容;第三,艺术的普遍规律是以形式对抗内容,消解内容。席勒立论偏颇在于完全否定内容的积极作用,这是片面的、错误的,但他指出了形式与内容的对抗关系,并进而

---

① 席勒:《美育书简》,中国文联出版公司1984年版,第114~115页。

提出形式征服内容的观点,则是极富见地的。它比之于那样简单地套用哲学概念的做法不知要深刻多少倍,因为它真正揭示了艺术作品中内容与形式的美学关系(尽管还不全面)。

我的基本看法是这样的:艺术作品中内容与形式之间存在着一种相互征服的关系。一定的内容吁请一定的形式。或者说,一定的形式只有在一定的内容的基础上才能产生。如果没有内容作为基础,形式就成为不可能存在的空中楼阁。这就是刘勰所说的"木体实而花萼振"的意思。没有内容这个根,哪来的形式这些枝、叶、花、果呢?所以形式总是一定内容的形式,形式在总体上必须归顺内容,受到内容的支配。但是一旦形式受内容的吁请而出现、而形成后,它就不是消极之物,而是一种"攻击性"的力量。它与内容相对抗,并组织、塑造、改变内容,最终是征服、消融内容。丑的内容可以被形式征服,而转化为美的形态。悲的内容可以被形式消解,而转化为喜的形态。然而,在艺术作品中,为何用此一形式,而不用彼一形式,为何进行这种征服,而不进行另一种征服?这又受到艺术家这个主体的思想情感意图的牵制与制约,即形式的运用是听从艺术家思想情感意图的调遣的,而不是绝对自由自主进行活动的。这就意味着在形式征服内容的同时,又存在着一种逆向的运动,即内容征服形式。实际上艺术作品中内容与形式之间存在着一种双向逆反的相互征服运动。艺术之美在于内容与形式的交涉部。

限于篇幅,这里我只能略约地提出我的观点,我将在另一篇文章里再展开我的论述。

(原载《文艺理论研究》1990年第6期)

论文艺作品内容与形式的辩证矛盾

一、题材、内容、形式及其边界线

普列汉诺夫说:"在任何稍微精确的研究中,不管它的对象是什么,一定要依据严格地下个定义的术语。"①关于文艺作品的内容与形式,历来界说纷纭,其说不一。如果作品的内容与形式之间的界限不清楚,其关系也就很难谈。西方许多学者苦于传统理论中关于作品内容与形式边界线不易划清,有过种种补救办法。德国学者帕特等人提出"内形式"、"外形式"之说,试图说明内容与形式的分野所在。俄国形式主义文论的代表什克洛夫斯基把"内容—形式"改为

---

① 普列汉诺夫:《没有地址的信·艺术与社会生活》,人民文学出版社1962年版,第3页。

"材料—形式",从而扩大了"形式"的"地盘"。美国"新批评"派文论家则以"构架(struture)—肌质(texture)"取代"内容—形式",以肯定形式的"本体论"地位。"新批评"派的另一代表人物韦勒克,则认为以"材料(material)—结构(struture)"的说法,才能沟通内容与形式之间的边界线。企图给"内容—形式"重新命名的做法几乎成为一种理论时髦。但我认为"内容—形式"这个名称并没有什么不妥,重要的是要给它们一个明确而又比较合理的界说。

那么,文艺作品的内容和形式的分野在何处呢?

我想首先是要明确解决这一问题的前提,那就是文艺作品内容与形式的不可分离性。形而上学的看法就是把内容和形式这本是不可分割的统一体,生硬地切割开来。在这个问题上,我们要回到黑格尔。黑格尔认为,"没有无形式的内容,正如没有无形式的质料一样","内容所以成为内容是由于它包括有成熟的形式在内"[①]。换言之,内容是具有形式的内容,形式是具有内容的形式,在真正的作品那里,二者永远不可分离,一旦两者变得可以分离,就不能构成真正的作品,所以黑格尔强调说:"只有内容与形式都表明为彻底的统一的,才是真正的艺术品。"[②]在这样一个前提下来探讨艺术作品的内容与形式的分界处及其关系,才有可能得出正确的结论。

由于艺术作品内容与形式犹如盐溶解于水般的不可分离性,我们想孤立地、封闭地去分解艺术作品的内容和形式,就变得非常困

[①] 黑格尔:《小逻辑》,商务印书馆1980年版,第279页。
[②] 同上。

难。把盐溶解于水是容易的,但要从盐水中重新把盐和水分解开,如不借助于一定的科学方法,就几乎不可能。所以我们认为要界说艺术作品的内容和形式,划清它们的边界线,必须借助于一个"中介"概念。这个中介概念就是题材。

我们的基本想法是:艺术作品的内容是经过深度艺术加工的题材,形式则是对题材进行深度艺术加工的独特方式。一定的题材经过某种独特方式(形式)的深度艺术加工就转化为艺术作品的内容。在上述定义中关键是题材。毫无疑问,题材是经过艺术家初步筛选的生活材料。它来自生活,但又不等于生活。一方面,题材是艺术家从生活中寻找到的、并初步选择过的材料,它不能不带有艺术家主观思想感情的印痕,因此它不完全是"第一自然";另一方面,题材毕竟还是生活材料,未经深度的艺术加工,有很强的客观性,因此,它又不完全是"第二自然"。正是由于它带有较强的客观性,它具有明显的材料性质,所以一部艺术作品的题材一般是可以意释的,可以用说明式言语转述出来的。但一旦题材经过特定艺术形式的深度加工,转化为特定内容之后,一般说就不可以意释和转述了。如果你硬要意释和转述,那只能破坏既定的内容,或你意释和复述仍然是题材而已。例如荷马史诗《伊利亚特》的题材就是特洛伊战争,或确切地说,就是阿基里斯的愤怒,但这种意释和复述即使再详尽,也仅仅是指出了《伊利亚特》的题材,还不是《伊利亚特》的内容,"因为《伊利亚特》之所以成为有名的史诗,是由于它的诗的形式,而它的内容是遵照这形式塑造或陶铸出来的"①。同样,《红楼梦》的题材可以说是封建末世一个贵族之家由盛而衰以及一对青年男女追求自由婚姻的失败所造成的悲剧,这可以或详或略加以意释或转述,但其内容却是无法原封不动重述出来的,因为它已经过了独特形式的塑造,《红楼梦》作为内容与形式的有机的结合体,只有靠它本身的全部魅力显示出来,那氛围、那情调、那韵味即或在最高明的批评家笔下也无法完全地重现出来。即或是内容极为单纯的短诗,如李白的《静夜思》,你可以说它的题材是"月夜思乡",但要用散文的语言原原本本地把它的真正内容重述出来,却是做不到的。你可以背诵它,而要意释它却不容易。这就说明了题材本身还不是内容,题材至多只能说是内容的材料,只有经过与它相切合的形式的深度的艺术加工之后,才转化为真正具有审美意义的内容。艺术作品的内容是从艺术形式深度加工过的题材那里转化出来的。从这个意义上说,"内容非他,即形式之转化为内容"(黑格尔语)。这样,我们也就不难看到艺术形式在形成艺术内容中所起的积极作用了。

艺术作品形式作为对一定题材的深度的艺术加工的方式,不应如通常所理解的那样,只是指某种体裁样式和结构方式、叙述、描写、抒情的具体手法。艺术作品形式既然是在深度艺术加工中发生作用,那么它的起点是对题材的处理,它的终点是内容与形式相统一的整个作品的完成。就创作角度说,它是一个过程。就其内涵说,它本身是一种复杂的统一体。实际上,当我们说文学反映生活时,不仅仅

---

① 黑格尔:《小逻辑》,商务印书馆1980年版,第279~280页。

指作品内容反映生活,而且作品形式也反映生活。当我们说文学表现艺术家的思想情感时,不仅仅指作品内容表现艺术家的思想情感,作品形式也表现艺术家的思想情感。同样的题材,以不同的形式去加以塑造,其所反映的生活,所抒发的感情可能是完全不同的。人们常说诗是不可翻译的,这就是因为诗是一种形式感特别强的文体,诗的形式中浸润着思想与感情。翻译尽管仅是作品形式的部分改换,也会部分地或全部地破坏、扭曲原诗固有的思想与感情,更不用说对艺术神韵的减损了。形式决不是与思想情感无关的东西。

当代英国著名学者特·伊格尔顿如下一段话,可以帮助我们理解形式究竟是什么,他说:"形式通常至少是一种因素的复杂统一体,它部分地由一种'相对独立的'文学形式的历史所形成;它是某种占统治地位的意识形态结构的结晶,如我们已经看到的小说方面的情形;还有……它体现了一系列作家和读者之间的特殊关系。马克思主义批评所要分析的正是这些因素之间的辩证统一关系。因而,在选取一种形式时,作家发现他的选择已经在意识形态上受到限制。他可以融合和改变文学传统中于他有用的形式,但是,这些形式本身以及他对它们的改造是具有意识形态方面意义的。一个作家发现手边的言语和技巧已经浸透一定的意识形态感知方式,即一些既定的解释现实的方式。"[①]伊格尔顿这段话的旨趣无疑在说明艺术形式与意识形态的密切关系,但它关于艺术形式至少是三种因素的复杂统

[①] 特·伊格尔顿:《马克思主义与文学批评》,《西方马克思主义美学文选》,漓江出版社1988年版,第686页。

一体的思想,则告诉我们,不要把艺术作品的形式看成是单纯的技术性、技巧性的因素,它包括了极为丰富的内涵。

根据我们对形式的上述理解,我们认为,伊格尔顿讲的还不够全面,作品的形式实际上应包括以下四个因素:首先,形式是一种历史传统,它在艺术历史发展中形成,同时在历史发展中又成为一种惰力,要摆脱这种惰力,创造一种适合于新的内容的艺术形式,决不是轻而易举的事。一种新的艺术形式的出现,甚至一种新的形式技巧的采用,都是对历史成规的突破,都需要有一种超越历史的精神。"五四"新文学革命中白话文的采用,就是向历史传统成功的挑战,它的确是文学形式因素的改变,却决不是小事一桩。它体现了作家们感知社会现实的新方法。其次,形式又是"意识形态结构的结晶",形式本身已经"浸透了一定意识形态感知方式",或者说形式中有意识形态的投影。普列汉诺夫在《法国戏剧文学和法国十八世纪绘画》中有力地论证了法国古典主义悲剧向言情喜剧的转变反映了贵族向资产阶级价值的转移。因此艺术家们选择什么样形式,如何运用某种形式,都不是与思想意识无关的小事。形式的选择与运用往往反映了时代的、阶级的意识形态,也充分地体现了艺术家个人的感知现实生活的方式和对生活的认识的深度和广度。当然,艺术形式的变化与意识形态的变化并不是完全对应的,形式有其相对独立性,它不会完全屈从意识形态的每一次风向的改变。其三,形式是赋予作品以审美效应的重要手段,毛泽东同志所说的文艺作品反映出来的生活,"可以而且应该比普通实际生活更高、更强烈、更有集中性,更典型、更理想,因此就更带普遍性",这六个"更",不完全是在选择题材过程中的艺术加工,更重要的是在赋予题材以形式过程中的深度的艺术加工。离开形式化这一深度艺术加工,六个"更"也就不可能达到,艺术作品的审美效应也就无从发生。从这个意义上说艺术作品的形式是艺术家对生活的回赠,它充分体现了艺术家的创作个性和审美理想,是艺术家主体潜能的充分发挥。其四,形式标示艺术家与读者的特殊关系。艺术家创作时,心目中都有一个隐含的读者群,对于这个读者群的愿望、要求、欣赏水平和审美趣味,不但要在题材的选择中起作用,而且也必然要在形式的选择与运用中起作用。因此,形式在一定意义上说,又是艺术家与读者关系的表征。有人会认为,我们把形式的"地盘"拓展得太大了,其实这不是我们主观任意的拓展,我们不过是还"形式"以本来的"地盘"而已。也许正是在这个意义上,卢卡契才在他的早期论文《现代戏剧的发展》中(1909 年)那么绝对地说:"文学中真正的社会因素是形式。"并针对庸俗社会学的理解,提出警告说:艺术中意识形态的真正承担者是作品本身的形式,而不是可以抽象出来的内容。[①]

通过以上论述,我们似乎可以这样说,题材作为形式与内容的中介环节,一方面受到形式的锻造,一方面则在锻造后转化为内容。形式对题材的锻造一旦获得成功,内容与形式的美学关系得以建立,一部内容与形式有机统一的有艺术生命的作品也就诞生了,而题材则"退出",只作为"隐在"的方式而存在着。进一步说,在一部内容与形

[①] 参见特·伊格尔顿《马克思主义与文学批评》文,漓江出版社 1988 年版。

式高度统一的作品中,内容与形式就如同水乳交融不可分离。我们很难指出作品中哪是纯粹的内容,哪是纯粹的形式。我们无法划清它们之间的边界。一部作品如同一个铜板的两面,从这一面看是内容,从那一面看是形式。当我们感受它时,它是内容,当我们判断它时,它是形式。唯有形式才具有内容,并拥有它。反之,唯有内容才具有形式,并拥有它。从美学的角度看,我们无法把一部作品的内容与形式硬拆开来,并进一步谈论它们之间的决定与被决定的关系。能够而且应该谈论的是形式与作为内容坯料的题材的美学关系。

二、题材吁求形式

如果我们上述的理解可以成立的话,那么题材作为艺术家选定的介于"第一自然"与"第二自然"之间的材料,只能看成是未来作品的"准内容"。"准内容"还不是"内容",但它往往急迫地"想"成为真正的内容。但它在未被赋予一定的形式之前是不可能成为内容的。题材在未被深度艺术加工之前,其"缺陷"是显而易见的。它即或再完整再具体,也还缺少应有的艺术秩序,它就如同纺织工人手边那些纱料一样,从那里可以见出数量和质量,但它还没有布的"秩序",还不是布。这样,还不具有"艺术秩序"的题材,就还不能构成活生生的艺术世界。进一步说,题材是一种停留于艺术家心中的未定型的东西,还是"眼中之竹",至多是"胸中之竹",它还不是审美对象,还不能与读者构成对话关系,因而也不具美学效果。甚至可以说,题材能不能转化为真正的作品内容也还难说,它可能在痛苦中出进,也可能因各种主客观原因而在母体内窒息而死。在这种情况下,如果一个艺术家选择了一个题材,那么,他和它就会急切地吁求形式,吁求某种理想的形式,以促使题材向真正的内容的转化。对艺术家来说,这是一个喜悦和焦虑交织的时刻,他为获得一个题材而喜悦,同时又为寻找具有表现力的形式而焦虑,而且常常是焦虑超过喜悦,如同一个临产的孕妇,喜悦中充满恐惧。这就是说,题材与其相匹配的形式的关系,决不是简单的决定与被决定的关系。题材吁求形式,是作为题材拥有者的艺术家苦心追求的过程,并非有了什么样的题材,就一定会有什么样的形式自然而然地出现。"吁求"与"决定"的含义是不同的。"吁求"强调艺术家寻找形式的主动性,"决定"则强调艺术形式呈现的被动性,似乎艺术家不必苦心孤诣地创造,形式在冥冥之中已被内容决定了。这种看法不符合艺术创作的规律。

从形式这一面说,一定的形式只有在题材的吁求下才出现。题材的吁求是形式出现的前提条件。作品的形式无论如何是一定内容的形式。一定的形式以一定的题材为对象。可以这样说,形式的工作就是把形式赋予题材进而转化为内容的工作。形式一旦脱离开它的工作对象,就变得毫无意义了。这一点正如马克思所说:"如果形式不是内容的形式,那么它就没有任何价值了。"[1]如同社会的生产方式决定上层建筑一样,作品形式归根到底是根据题材的要求而形成的。题材是形式形成的根本动因。作品的形式能否出现,能否形

---

[1] 马克思:《第六届莱茵省议会的辩论》,《马克思恩格斯全集》第一卷,人民出版社,第179页。

成，决定于题材是否有吁求。从这个意义上说，题材吁求决定形式的呈现，题材征服形式。中国古代诗论深得此中规律，在"意"（题材）与"语"、"象"、"文"、"笔"（形式）关系上，指出"无论诗歌与长行文学，俱以意为主。意犹帅也。无帅之兵，谓之乌合"（王夫之），因此要"后于语，先于意"（皎然），要"意在象前，象生意后"（徐寅），要"意在笔先，然后着墨"（沈德潜）。强调忽视内容的孤立的形式不能产生美，叶燮在《原诗》外篇中谈到波澜之美，他认为只有在明净的水质中，由微风吹动的波澜才是美的，如果是一条臭水沟，在风的作用下也会出现波澜，可它只能散发出臭味。所以他说："波澜非能自美也，有江湖池沼之水以为之地，而后波澜为美也。"又如苍老也可以是一种美，然而"苟无松柏之劲质，而百卉凡材，彼苍老何所凭藉以见乎？必不然矣"。就诗而言，诗的质（题材）就是"诗之性情，诗之才调，诗之胸怀，诗之见解"，而诗的形式则是诗的"体格、声调、苍老、波澜"，后者依赖于前者，或者说后者的出现与活跃有待前者的吁求与呼唤。

　　再进一步说，题材对形式的吁求中，已包含了深一层的要求，从而对形式作了深一层的规定。这就是任何一个艺术家所选定的题材中，都已含有内在的逻辑，其中又可分为来自生活的生活固有逻辑和来自艺术家主体的情感逻辑，这种内在的逻辑吁求形式对它作出与之匹配的呼应。这也就是说，艺术家对一定题材赋予什么形式，尽管有其发挥创造性的宽广天地，但题材固有的内在逻辑，使艺术家在考虑采用何种形式时，不能不受到一定的制约。遵从这种制约，才能使形式与题材的"性格"相匹配。因为一定的形式只有深刻地切入到题材的内在逻辑，才能充分地艺术地表现这种题材，才能转化成真正的富于艺术魅力的内容,进而获得理想的审美效果。这里可能产生两种形式与题材不相匹配的倾向:第一是形式完全违拗了题材固有的内在逻辑的规定,结果题材是一种色调,形式则是另一种色调,两种色调又无法达成妥协而产生和谐感,这样形式与题材就对立而不统一,古人常讲的"有文无质"、"有墨痕无血痕"的弊病就是这样产生的。第二是形式力量不足,题材溢出形式,这样艺术家的感情就不能彻底地转换为艺术情感。马克思烧掉了他早期的抒情诗,其原因是诗的形式力量稍差,诗中狂热的感情束缚不住,成了致命伤。①

三、形式征服题材

然而,形式如何才能切合题材的内在逻辑呢?形式只要消极地适应题材的需要,并将题材呈现出来,就可达到目的了吗?情况并非这样简单。如果我们只是强调形式对题材的适应,许多问题我们就解决不了。例如艺术家为什么总是热衷于写人生的苦难、不幸、失恋、挫折、伤痛、死亡、愁思、苦闷?丑以什么理由进入艺术创作中,难道它仅仅是因为可以作为美的对照,或可以供美的理想的批判,才得以进入艺术创作的吗?为什么现代艺术家往往喜欢写生活的荒诞、异化、变形、失落、沉重、邪恶?可以想到,要是形式总是消极地适应这些题材,那么艺术作品还能产生美感吗?

一直存在着这样一种观点:内容是主人,形式是仆人,形式仅仅

---

① 参见特·伊格尔顿《马克思主义与文学批评》一文。

是消极地配合、补充内容,服服帖帖地为内容服务。如古代诗论中就有这种说法:"作诗必先命意,意正则思生,然后择韵而用,如驱奴隶。"①作诗要"先命意",这是不错的。这一点我们在上文已论证过。但形式是否就是"奴隶",只能恭恭敬敬地听任"意"(题材)的驱遣呢?我们的看法不是这样。的确,题材吁请形式,题材是主人,形式是客人,然而一旦把"客人"请到了家,"客人"是否时时处处都听从"主人"的安排,就很难说。实际上艺术创作的实践证明,"客人"一旦到了"主人"的"家",往往就"造起反来",最终往往是客人征服主人,重新组合,建立起一个新的家。形式征服题材,两者在对立、冲突中建立起新的艺术秩序和有生命的艺术世界。我们的基本观点是:艺术创作最终达到的内容与形式的和谐统一,不是形式消极适应题材的结果,恰好相反,是形式与题材对立、冲突,最终形式征服(也可以说克服)题材的结果。形式与题材二者相反相成。

苏联早期心理学家、艺术理论家列·谢·维戈茨基提出"要在一切艺术作品中区分开由材料引起的情绪和由形式引起的情绪",他认为,"这两种情绪处于经常的对抗之中,它们指向相反的方向",而艺术作品"应包含着向两个相反的方向发展的激情,这种激情消失在一个终点上,好像消失在'短路'中一样"。维戈茨基的意思是,在许多作品中,形式与题材的情调不但不相吻合,而且处于对抗之中,如题材指向沉重、苦闷等,而形式则指向超脱、轻松等,形式与题材所指的方向完全相反,但却又相反相成,达到和谐统一的境界。维戈茨基所

---

① 魏庆之:《诗人玉屑》卷六。

举的最有名的一个例子,是他对布宁的短篇《轻轻的呼吸》的分析。这篇小说就题材看,所描写的是"一个放荡的女中学生的生活故事","一个外省女中学生的毫不稀奇、微不足道和毫无意义的生活",她刚十五岁就轻佻地与一个哥萨克军官谈恋爱,然而又与一个五六十岁的地主乱搞。这个漂亮的女中学生在生活刚刚开始之际,就突然被那个军官在火车月台上枪杀了。维戈茨基说,"故事的实质就是生活的混沌,生活的浑水","生活的溃疡"。如果我们若是在真实的生活里听说这么一件事的话,那么我除了感到恶心和可怕之外,恐怕不会有其他的感觉。但这样一个恶心、可怕的题材,经作家布宁赋予诗意的形式,作过深度的艺术加工之后,"整个小说给人的印象就不同了",或者说:"小说同本事所产生的印象截然相反,作者所要表达的正好是相反的效果,他的小说的真正主题当然是轻轻的呼吸,而不是一个外省女中学生的一段乱七八糟的生活。这不是写奥丽雅·梅歇尔斯卡娅的小说,而是一篇写轻轻的呼吸的小说。它的主线是解脱、轻松、超然和生活的透明性的感觉,而这种感觉从作为小说基础的事件本身是无论如何得不出来的。"①维戈茨基以细致入微的分析,令人信服地说明了布宁的小说《轻轻的呼吸》,其形式与题材不但是对立的,而且"形式消灭了内容",题材的"可怕"完全被诗意形式征服,"通篇都浸透着一股乍暖犹寒的春的气息"②。

就小说而言,题材与形式之间对立是经常的事。小说的题材就

---

① 具体分析见列·谢·维戈斯基《艺术心理学》第七章,上海文艺出版社1985年版,第193~214页。
② 同上。

是本事，本事作为生活原型性的事件，必然具有它的意义指向和潜在的审美效应。然而当小说家以其独特形式——叙述方式——去加工这个本事时，完全可以发挥它的巨大功能，对本事进行重新的塑造，从而引出与本事相反的另一种意义指向和审美效应。因为作为叙事方式的形式负责把本事交给读者，它通过叙述视角和叙述语调的刻意安排，把这个故事而不是那样一个故事交给读者，它可能引导读者不去看本事中本来很突出的事件，而去注意本事中并不重要的细节，引导读者先看什么事件然后再看什么事件等，这样读者从小说中所获得的思想认识和审美感受与从本事中所得到的可能会完全不一样。形式与题材对抗，并进而征服了题材。例如，布宁的小说《轻轻的呼吸》中，女中学生奥丽雅被哥萨克军官开枪打死，无疑是本事中最为重大的事件，但作家仅仅用"开枪打死"四个字带过，被安排在一个长句中间，而且"开枪打死"作为这篇小说一个最可怕、最令人难受的短语，又"完全被掩盖于对哥萨克军官的一长串平静的、匀称的描写和对月台，对刚刚下火车的广大人群的描写中了"[①]。相反，在本事中并不重要的奥丽雅与她的女友一次关于女性美的谈话，通过女级主任老师——一个处女——的回忆，被大肆渲染。奥丽雅家的藏书中有一本《古代笑林》，把"轻轻的呼吸"视为整个女性美的最重要一点。奥丽雅说："轻轻的呼吸！我就是这样的，——你听我怎么喘气，——真是这样吧？"维戈茨基对此分析说：这个细节"是整个小说

[①] 列·谢·维戈斯基：《艺术心理学》，上海文艺出版社1985年版第209、213页。

的 Pointe,是揭示小说的真正涵义的一个逆转"。的确是这样,在这一个细节里凝聚的思想意义和审美效应比整个作品加在一起还要多。拿古代诗论的话说,这是"诗眼"、"文眼",是画龙点睛的一笔。作家正是通过强调这一点和忽视那一点等艺术形式的深度加工,使形式征服题材,让题材归顺形式。维戈茨基的结论是:"形式是在同内容作战,同它斗争,形式克服内容,形式和内容的这一辩证矛盾似乎正是我们审美反应的真正心理学涵义。"[①]如果把这段话中的"内容"改为"题材"的话,那么我们就完全赞同维戈茨基的观点。

我们认为维戈茨基上述观点,是对内容与形式关系的一大发现。它带有普遍性。凡成功或比较成功的作品都是形式征服题材的范例。

上面我们主要是以事实为依据,来说明通过形式征服题材达到内容与形式的统一,是一条普遍的艺术规律。但是作为一种科学的理论仅靠举例说明是远远不够的。只有进一步从理论上进行有力的论证,才能确立它的真理性质。

我们认为,艺术创作中形式与题材对立、冲突,进而出现形式征服题材的"逆转",反映了人类活动的特征。人类从事着各种各样的活动,其基本特征是辩证矛盾,或者说是对立的统一。

著名的生物学家达尔文在《关于人和动物的感觉表情》和《人类和动物的表情》两种著作中,提出了一条人和动物表情运动的"对立

[①] 列·谢·维戈茨基:《艺术心理学》,上海文艺出版社 1985 年版,第 209、213 页。

的原理"。达尔文认为:人和动物都是这样,"如果有一种直接相反的思想情绪,就会有一种强烈的、不由自主的意向要做出那些直接相反性质的动作","而在实现直接相反的动作时,我们就使一组肌肉发生作用,例如,向右转和向左转,把一件东西推开或拉近,把重物举起或放下……因为在相反的冲动下做出相反的动作已经成为我们和低等动物习惯性动作,所以,当某一类动作在某些感觉或情感活动的影响下,由于习惯性联想的作用,完全相反性质的动作便会不由自主的发生"①。达尔文的意思是说,人和动物的表情动作,都遵循着"对立的原理",某种表情动作是以与之相反的表情动作为条件的。细细一想,达尔文的"对立原理"的确是人类活动的一大特征。就以我们人类的动作而言,若向前先要向后,若向左先要向右,若向上先要向下,若要吸先要呼,如运动场上的赛跑,每个运动员都拼命向前跑,可他能不能向前跑,取决于他的腿和脚向后蹬得是否有力。跳高运动员要跳得高,很大程度上取决他在起跳前的向下一踏是否有力。至于掷铅球、铁饼、标枪,目标也是向前掷,但在向前掷的前一瞬间则是向后运动。据行家讲,举重是向上运动,可其诀窍则是在运动员向下蹬的姿势中。在人的表情活动中,"对立的原理"也处处体现出来。人愤怒到极点反而狂笑,开心到极点时反而流泪,悲哀到极度反而流不出泪,绝望到极度反而显得平静。俗话说"打是疼,骂是爱",更是对"对立的原理"的通俗说明。总而言之,人们表现感情经常是与日常

---

① 转引自列·谢·维戈茨基《艺术心理学》,上海文艺出版社1985年版,第280页。

生活中认为是自然的、优美的、有益和快适的行动恰好相反的行动。

那么在人类的审美和艺术活动中,是否也遵循"对立的原理"呢?普列汉诺夫以大量的事实证明,达尔文提的"对立的原理"不但可以转移到社会学,而且也可以转移到审美学、艺术学。他犹其深刻地说明了人的审美兴趣的发展,部分地也是在对立原理影响下进行的。他举例说,在塞内冈比亚,富有的黑人妇女穿着很小的鞋子,小到不能把脚完全放进去,穿着这种小鞋走路其步态是很别扭的,但富人们都以这种步态为美。当时普通的劳动妇女穿着正常的合脚的鞋,他们的步态是自然的正常的,却不认为是美的。富人妇女的步态"仅仅由于与劳累的(因而也是贫穷的)妇女的步态恰恰相反,所以才获得意义"①。换句话说,富人妇女的别扭步态被视为是美的,仅仅是因为她们的步态与穷苦妇女的步态相对立,她们从观念上认为凡与穷苦人相对立的言谈举动是美的。又如,山在今天的人们的眼中,都认为是美的,可"对于十七世纪欧洲的人们,再没有什么比真正的山更不美了。它在他们心里唤起了许多不愉快的观念。刚刚经历了内战和半野蛮状态的时代的人们,只要一看见这种风景,就想起挨饿,想起雨中或雪地上骑着马作长途的跋涉,想起在满是寄生虫的肮脏的客店与给他们吃的那些掺着一半糠皮的非常不好的黑面皮"。这是法国学者伊·泰纳在《比利牛斯游记》中告诉我们的。他说明,即使在欣赏风景的问题上,对立的原理也在起作用。普列汉诺夫还指出

---

① 普列汉诺夫:《没有地址的信》,《普列汉诺夫美学论文集》第 1 卷,人民文学出版社,第 327 页。

由阶级斗争所引起的对立原理的心理作用,使英国贵族在"复辟以后,法国风味开始支配英国舞台和英国文学。人们蔑视莎士比亚……把他当作'烂醉的野蛮人'"①。其原因仅仅是因为莎士比亚属于平民,属于民主主义,所以贵族必须跟他对立,才能显出自己的"高雅"。

达尔文提出的"对立原理"可不可以运用到艺术作品的内容与形式的关系上面呢?维戈茨基认为是可以的。他说:"达尔文发现这一奇妙规律,毫无疑义地运用于艺术,看来,下面的情况对我们来说再也不是个谜了:同时引起我们对相反性质的激情的悲剧,大概就是按照对立定律发生作用的,它把相反的冲动送到相反的各组肌肉上去。悲剧仿佛迫使我们同时向右、向左转,同时把重物举起和放下,它同时刺激肌肉及其对抗体。""任何艺术作品——寓言、短篇小说、悲剧——都包含有激情矛盾,引起互相对立的情感系列,并使这些对立的情感系列发生'短路'而归于消灭。这也可以叫做艺术作品的真正效果。"②维戈茨基的意思是:任何艺术作品的内容与形式这两个因素,其情感指向是不同的,内容"向右"转,而形式则"向左"转,形式与内容对抗,并战而胜之,从而转出一个属于艺术的新的情感世界,这是"对立的原理"在艺术内部构成中的体现。正因为"对立的原理"的这种作用,艺术才可以去描写苦难、不幸、失恋、挫折、伤痛、死亡、愁

---

① 普列汉诺夫:《没有地址的信》,《普列汉诺夫美学论文集》第 1 卷,人民文学出版社,第 328 页。
② 列·谢·维戈茨基:《艺术心理学》,上海文艺出版社 1985 年版,第 281 页,第 213 页。

思、苦闷、丑恶、变态、异化等。很清楚,种种消极的压抑的题材及其情感指向,只有在形式与之对立,并进而塑造它、克服它、征服它的情况下,才能由不快感转化为快感,痛感转化为愉悦感。列夫·托尔斯泰说过一句话,他要求作家"像写鲜花那样去写死刑"。死刑作为题材仍然是死刑,不是鲜花,但在艺术中通过艺术形式的作用,其压抑的性质可以得到缓解。譬如,我们可以把烈士的死写得非常崇高壮美,读者看到这种描写才会在悲愤、惋惜的同时,获得审美的快感。

实际上,艺术形式对题材的控制、改造、转化、征服,早就被一些伟大的思想家看到了。狄德罗在谈到演员必须以自己的声音、节奏(形式)控制表演时这样说:"什么?有人会问:这位母亲发自肺腑的如此哀怨、痛苦的叫声,猛烈地震撼着我的心灵,难道她此时此际并没动真情,并非处于绝望的境地?绝对没有。证据是这些叫声都是经过衡量的;它们是一种朗诵体系的组成部分;只消比一个四分高声高上或低下二十分之一,它们就变得不可信,它们都受一个统一的法则的支配;如同演奏和声,它们都是准备好的,到适当时机才出现的。"[①]狄德罗的话可能有点太绝对,但很深刻地说明了在戏剧表演中,演员的声音、动作作为一种形式,必须非常的准确,连每一个"叫声"都必须"经过衡量",成为"一种朗诵体系的组成部分",只有这样,才能控制住所要表现的感情,才能使某些让人恐惧、悲哀的压抑性质的情感,变得可以供观众"享受",而不是让观众一味地恐惧、悲哀。

[①] 狄德罗:《演员奇谈》,《狄德罗美学论文选》,人民文学出版社1984年版,第286页。

这里特别值得注意的是席勒的论述,他说:"艺术家通过艺术加工不仅要克服它的艺术门类的特性本身带来的限制,还要克服他所加工的特殊素材所具有的限制。在真正美的艺术作品中不能依靠内容,而要依靠形式完成一切。因为只有形式才能作用到人的整体,而相反地内容只能作用于个别的功能。内容不论怎样崇高和范围广阔,它只是有限地作用于心灵,而只有通过形式才能获得真正的审美自由。因此,艺术大师的独特的艺术秘密就在于,他要通过形式来消除素材(重点号为原文所加——引者)。素材本身越宏伟、越傲慢、越富诱惑力;素材越是专擅地显示自己本身的作用,或者观众越倾向于直接介入素材,那种主张支配素材的艺术就越成功。……在艺术中对待最轻浮的对象也必须把它直接转变成极其严肃的东西。对待最严肃的素材我们也必须把它更换成最轻松的游戏,激情的艺术如悲剧也不例外。"①席勒的"要靠形式完成一切"的看法无疑是片面的,但他的总体思想却对我们有启发。艺术创作的确是这样,在题材确定之后,主要矛盾就转到"怎么写"的问题上面,即如何安排艺术形式上面。形式并不是起消极呈现题材的作用,而是一种"攻击"力量,塑造力量,它与题材对抗,"严肃"的题材往往用轻松的形式去征服,而"轻浮"的题材则往往又用"严肃"的形式去克服,这样就可获得深度艺术加工的内容与形式有机和谐统一的艺术作品,这种艺术作品就可以整体地作用于读者的心灵,使读者步入审美自由的境界。

我们认为形式征服题材,并不是我们不重视作品的内容。恰恰

---

① 席勒:《审美书简》,中国文联出版公司 1984 年版,第 114~115 页。

相反，我们强调形式对题材的巨大的塑造作用，正是为了突出作品的内容，突出作品内容形式的辩证规律。说到底，艺术形式如同一幅画的背景，这个背景的颜色与其要衬托的事物内容的颜色反差愈大，那么，被背景衬托的事物也就愈突出。契诃夫在写给丽·阿·阿维洛娃的一封信中说："我以读者的身份给您提一个意见：您描写苦命人和可怜虫，而又希望引起读者怜悯的时候，自己要极力冷心肠才行，这会给别人的痛苦一种近似背景的东西，那种痛苦在这背景上就会更明显的露出来。可是如今在您的小说里，您的主人公哭，您自己也在叹气。是的，应当冷心肠才对。"①契诃夫以一个艺术家的卓识道出了一条重要的艺术规律。实际上写什么（题材、内容）与怎么写（形式）是不能相混淆的。这两者愈是相抗衡，从抗衡中获得统一的可能性就愈大。这就是相反相成。形式在内容的关系中诚然处于次要的被吁求的地位，内容是"主"，形式是"客"，这一点不容怀疑，但为了突出"主人"的地位，非得有脾气、性格不同的"客人"才行。形式与题材相对抗，并不是单纯为了显示形式自身，而是为了对抗中产生"逆转"，并从这"逆转"中获得真正的艺术内容。

（原载《文艺理论研究》1991年第2期）

---

① 契诃夫：《写给丽·阿·阿维洛娃》，《契诃夫论文学》，人民文学出版社1959年版，第205页。

艺术作品内容与形式辩证矛盾的心理学内涵

在我已发表的《美在内容与形式的交涉部》、《论文艺作品内容与形式的辩证矛盾》两篇文章中①,我提出了这样的观点:题材(作为潜在的内容)吁求形式,形式征服题材,并赋予题材以艺术生命,从而在形式与题材的辩证矛盾中,生成内容与形式和谐统一的艺术作品。在上述论点中,我强调了形式对题材的改造、塑造、征服作用。实际上,在文艺创作中,形式的作用是毋庸忽视的。如若不讲清楚形式的作用,要深刻理解文艺创作中内容与形式的美学关系就根本不可能。恩格斯在他的晚年非常诚恳地谈到:他和马克思的著作中,通常总是"把重点放在从作为基础的经济事实中探索出政治观念、法规观念和其他思想观念以及由这些观念所制约的行动","但是我们这样做的时候为了内容而忽略了形式方面,即这些观念是由什么样的方式和

---

① 此二文均发表于《文艺理论研究》。

方法产生的。这就给了敌人以称心的理由来进行曲解和歪曲"①。恩格斯这些话的重要性在于教导我们谈论任何一种观念形态(其中也包括文学艺术)时,都不应该"为了内容而忽略了形式方面"。而我们过去的某些理论"总是因为内容而忽略了形式"②。

本篇要讨论的是文艺创作中题材(作为潜在内容)与形式辩证矛盾的心理学内涵。我们认为这种讨论有利于深化对形式改造、塑造、征服题材的理解。

一、形式征服题材——审美情感生成

我们认为,在艺术创作中形式对题材的改造、征服的心理学意义,在于将自然情感转化为审美情感。艺术作品中所灌注的必须是审美情感,而不是原始的自然情感,这已是多数人的共识。问题在于艺术作品的审美情感是怎样生成的呢?其中的心理机制又是怎样的呢?

毫无疑问,就艺术鉴赏的角度而言,我们欣赏的是"有血痕无墨痕"(贺贻孙)的佳作,而不喜欢"有墨痕无血痕"的赝品。作品的极致应是"清水出芙蓉,天然去雕饰"(李白),应是"但见性情气骨","不见语言文字"(刘熙载),然而这并非说形式的加工不重要,恰恰相反,要达到此种极致,有赖于艺术形式对题材的千锤百炼。这就所谓:"极

① 恩格斯:《致弗·梅林》,《马克思恩格斯选集》第 4 卷,人民出版社 1972 年版,第 500~502 页。
② 同上。

炼如不炼,出色而本色,人籁悉归天籁矣。"①刘熙载说:象晏元献的"无可奈何花落去",宋景文的"红杏枝头春意闹"一类佳句,都是"极炼如不炼"的典范。② 所谓"极炼",就是指形式对题材的深度的艺术加工,其中包括形式对题材的完全征服。

是否可以这样说,由题材所引起的情绪和由形式所引起的情绪,其性质、指向是不一样的,甚至可能是相反的。譬如题材情感是哀怨的、愤懑的、凄凉的、压抑的、消极的等等,而形式情感却是轻松的、愉快的、洒脱的、高昂的、优美的等等,如果艺术家像写早春那样去写严冬,像写胜利那样去写失败,像写清流那样去写愁苦,像写初恋那样去写绝望,"像写鲜花那样去写死刑"(列夫·托尔斯泰),即以上述形式情感去控制、渗透、改造、征服上述题材情感,那么就会产生一种"混合情感",如悲中带喜,或喜中带悲,笑中含泪,或泪中含笑,那么一种感人至深的而又悦人心胸的情感就会油然而生,我们的心就会处于一种无障碍的高度自由状态,作品的审美情感也就生成了。流行于内蒙古伊克昭盟一带的一首爬山调是这样的:

哎哟——

男子汉拿不定主意哎哟……受一辈子穷——

女人家拿不定主意哎哟……换七十二家门——

男子汉没老婆哎哟……好凄惶——

---

① 刘熙载:《艺概》,上海古籍出版社1978年版,第121页。
② 同上。

女人家没老汉哎哟……泪汪汪——

这首爬山调,仅就题材情感说,无非是诉说男子汉没老婆和女人没丈夫之苦,既平淡无奇又沉重压抑,但经过诗歌和音乐的艺术形式化之后,那审美效应就完全不同了,据说唱此调时,"哎哟"两个字一声唱起,音节可延长到十拍、二十拍。每一句歌都以起伏跌宕的旋律漫步在无边的草原上,让人觉得是那样粗犷、深厚、悠扬。在这里,爬山调的独特的音乐形式,特别是其中的节奏、韵律,以一种完全不同于题材的形式情绪与题材固有的情趣相对抗,结果是形式改造、征服了题材,从而形成了可供享受的审美情感。

那么,形式情绪改造、征服题材情绪,并形成审美情感的心理过程是怎样的呢?

我们可以用一个简单的图表示如下:

	第一阶段	第二阶段	第三阶段
形式征服题材	题材情感	⇄吁求/征服⇄ 形式情感	→ 艺术世界
心理过程	兴奋	→ 阻滞	→ 舒泄

我们可以分三个阶段加以说明。第一阶段,题材情感作为一种刺激,引起人们情感的兴奋。这里所说的情感的兴奋,实际上是一种情感双向交流过程。一方面是题材把它所固有的情感色调灌注于人们,使人们的情感不能不受题材情感色调的感染,用刘勰的话来说,

这是主体"随物而宛转"的过程;另一方面是人们把自身的情感移入题材,使主体与题材中的人物、景物合而为一,达到一同悲欢的境地,用刘勰的话来说,这是客体"与心而徘徊"的过程。但是应该着重指出的是,这种题材与"我"交流所引起的物我交融及其所造成的情感兴奋,与人们在普通实际生活中受到某种事物的刺激所引起的情感兴奋毫无二致,它是人们感性知觉的共同的组成部分,不具有任何特殊的审美意义。譬如一个男子在生活中找不到与他相爱的女子,或一个女子在生活中找不到与她相爱的男子,这是凄惶、痛苦的,有时不免"泪汪汪"。上述内容《爬山调》题材所引起的情感兴奋与生活中的悽惶、痛苦感受,并无本质的区别。又譬如,某个男子的爱妻死了,这使他很伤心,很痛苦,它可以作为艺术的题材而存在,但这种伤心、痛苦是单纯的、原始的、自然的甚至是非理性的,它还不是艺术作品所需要的审美情感。艺术上的自然主义是很复杂的,但其中一个重要的弊病就是过分看重题材所引起的自然情感,以至于把它原原本本地、不加选择地、纯客观地呈现出来,往往缺乏艺术形式上的深度加工,"不炼"的原始当成"极炼"后的"天然",结果混淆了艺术与生活的界线。某些浪漫主义诗作又为题材所包含的原始题材情感所激动,也缺少艺术形式的深度加工,缺乏艺术形式的"对抗"与改造,甚至连诗的节奏也没有,一味大喊大叫,结果流于直露,毫无诗的蕴含。也许正是在这个意义上,马克思、恩格斯才这样提出疑问:"有谁听说过伟大的即兴作者也是伟大的诗人呢?"①以上所述旨在说明由题材所引起的情绪兴奋还不是艺术所需的审美情感。这样题材就必须吁求形式。形式对题材的控制、改造、征服也就成为艺术创造的必然。

第二阶段,形式在题材的吁求下出现,形式情感与题材情感发生"对抗"、冲突,最终形式情感征服了题材情感。此时尽管情感的兴奋仍然保持最大的强度,但由于艺术形式的分隔作用,主体已把审美刺激物与非审美刺激物分开,进而产生了幻象,这就保证艺术中题材所引起的激情兴奋通过幻象得到纯中枢的缓解与阻滞,并保证这些兴奋的激情不会表现为外部的动作。列·谢·维戈茨基说:"正是外部表现的阻滞,才是艺术情绪保有其非凡力量的突出特征。我们完全可以说明,艺术是中枢情绪或主要在大脑皮层得到缓解的情绪。艺术本质上是智慧的情绪。它并不表现在紧握拳头上和颤抖上,它主要是在幻想的映象中得到缓解。狄德罗说得对,他说,演员流的是真眼泪,但他的眼泪是从大脑里流出来的,这样他就道出了一般艺术反应的实质。"②在这段话中,维戈茨基力图说明艺术形式对题材的表现(其中包括改造、征服),可以使题材所固有的原始的、非理性的自然情感,得到理性的梳理,从而使自然情感发生性质上的改变,即由原始的自然情绪变为"智慧的情绪",这样一来,原始的自然情绪就不会诉诸"外部动作","不表现在紧握拳头和颤抖上",因为原始的自然情绪在艺术形式阻拦、"对抗"中已得到"缓解"。这无疑是一个重要

---

① 见《马克思恩格斯论艺术》(一),人民文学出版社1960年版,第113页。

② 列·谢·维戈茨基:《艺术心理学》,上海文艺出版社。

的思想，它证明艺术中的审美情感一方面是自由的，无障碍的，另一方面又应该是经过理智的节制的，受到阻滞的，不是放纵的、随意的，而在这里起关键作用的是艺术形式及其征服力量。

实际上，这个问题一直是美学、艺术理论所关注的问题。英国美学家布洛提出的著名"心理距离说"，已为大家所熟悉，此处无需赘述。从艺术创作这一角度看，这一理论比里普斯的"移情说"深刻得多。"移情"现象不但存在于艺术中，而且在普通生活中也普遍存在，很难说明艺术创作的特性。但"审美心理距离"却只有在审美过程、艺术创作、鉴赏中才存在，所以布洛称他的"心理距离说"是"艺术因素与审美原则"。然而，无论是布洛本人还是后来的阐释者都强调审美过程中视点的转换，即从实用的视点改为无功利目的的审美视点，很少有人追问一下在艺术创作中这种视点的转换是由什么造成的。实际上，如果我们从形式与题材的美学关系的角度看，正是艺术形式的征服作用和分隔作用，使视点发生了由有功利目的的视点，转换为超功利目的的视点。正是艺术形式的作用消解了直接的功利目的，而形成了无关功利的审美聚焦，使夹带着泥沙的不可控制的自然情感之流注入深潭，得到控制、迴旋与缓解，进而变成审美情感的清流悠然倾泻出来。这里让我们举个例子来分析一下苏轼的《江城子·乙卯正月二十日夜记梦》：

十年生死两茫茫，不思量，自难忘。千里孤坟，无处话凄凉。纵使相逢应不识，尘满面，鬓如霜。

夜来幽梦忽还乡。小轩窗，正梳妆。相顾无言，惟有泪千

> 行。料得年年肠断处,明月夜,短松冈。

这是苏轼为悼念亡妻而写的一首词,感情的深挚溢于言表。苏轼不可能在他妻子刚死时写出来,只有在他妻子死后十年的"痛定思痛"中才可能写出来。因为时间距离使他淡化了功利得失的考虑,这样就能站到某种超脱的视点进行审美观照。但是这超脱的审美视点又是与这首词的优美的艺术形式的分隔作用密切相关的。就题材情感而言,试想伉俪情深,却一死一生,痛苦、哀伤的情感之流汹涌澎湃,除了泪千行之外,还能怎样呢?真是"此情无计可消除"(李清照)。但苏轼词中所营构的曲折转合的意象,忽而现实,忽而想象,忽而现在,忽而过去,忽而眼前,忽而梦中,犹如多个反差很大的快镜头组合,给人以目不暇接之感;"不思量,自难忘","相顾无言,惟有泪千行",这些悖论语言和悖论情景的设置,以及笔势的摇曳跌宕,变幻莫测,韵律的铿锵,都给人以美不胜收的感觉。这样,艺术形式就使题材本身所固有的痛苦、哀伤的情感之流得到了控制、缓解,并出现了"逆转":这已不是哭诉自己的痛苦、哀伤,而是歌唱自己的痛苦、哀伤,整首词所抒写的悲情变成至情,变成可以欣赏和享受的感情。这是真正的"以歌为哭"。不难看出,正是由于艺术形式的塑造,使直接功利的视点消失,而出现了一种超越直接功利的审美的视点。

也许德国戏剧家布莱希特是最自觉地认识到艺术形式对题材情感起缓解阻滞作用的一位艺术家。他在《戏剧中工具篇》中提出一个著名的论点,即"间离法"。他充分地认识到,一个艺术家写什么(题材)与怎么写(形式)之间,应保持辩证矛盾,不可完全一致,如若形式与题材完全一致,那么对读者、观众来说就会因感觉不到形式而引起精神的过分紧张,因为他们意识不到自己在看戏,把戏中的一切都当真,而"像投河那样一头扎进剧情而难以自拔"。因此,他在艺术的题材与形式的关系上,提倡"间离法",他说:"间离的反映是这样一种反映:对象是众所周知的,但同时又把它表现为陌生的。"①这也就是说,作为艺术表现的形式应与它所表现的对象(即题材)相"抗衡",使题材与形式两者之间出现距离,观众就会意识到自己在看戏,题材情感之流于是得到"阻滞",从而能够清醒地运用自己的理智进行评判。布莱希特欣赏中国京剧并非偶然。京剧从脸谱、戏装到程式化的动作、表情、唱腔等属于艺术形式、表现方式的因素,都与真实的生活保持距离,即使是角色的哭,也有特殊的规范,与生活中见到的另是一样,这就十分有利于题材的"野性"情感得到适应的舒缓和阻滞,进而有利于将自然情感转为审美情感。

艺术形式对题材情感的缓解与阻滞,实际上就是艺术节制。应该看到,一方面艺术来源于生活,生活永远是艺术的唯一源泉;另一方面,艺术又不等同于生活。生活有生活的规律,艺术有艺术的规律。歌德指出:"艺术不应当完全屈从于自然的必然性,它还有它本身的规律。"(歌德语)当然,艺术的规律很多,但艺术对生活应加以节制就是其中重要的一条。生活之流可能因野性而汹涌泛滥,夹带着大量的泥沙,浑浊不堪,这时候艺术就要以特有的渗透着理性的形

---

① 布莱希特:《戏剧中工具篇》,第42节,参见《外国现代剧作家论剧作》,中国社会科学出版社1982年版。

式、手段去控制它,征服它。当生活经过艺术的醇化处理之后,就会变得高尚静穆,沁人心脾,其中的情感就量而言可能有所节制,可品质却提高了,因为它深刻化了,艺术化了。明代画家顾凝远在《画引》中所提出的"深情冷眼"的观点,精辟地概括了艺术节制原理。所谓"深情",即指创作主体的艺术家应该激情澎湃,进入情感体验的高峰,使心灵处于无障碍的自由状态。所谓"冷眼",就是要在"沉思"和"凝心"中,冷静地去处理那火热的激情,以精心设置的艺术形式将情感引进审美的轨道。德国著名艺术理论家莱辛认为,造型艺术家应避免描绘激情顶点的顷刻,这不仅仅因为"在一种激情的整个过程里,最不能显出这种好处的莫过于它的顶点。到了顶点就到了止境",而且还因为像塑造"拉奥孔"这类题材时,若不"表情中有节制"的话,就会"使人对那整个对象感到恶心或毛骨悚然"[①],就像"笑已变成狞笑"一样,可以供人"享受"的"哀号",就会变成使人心绪失宁的痛哭,艺术也就变成非艺术。著名的美国舞蹈家伊莎多拉·邓肯也深知艺术形式对题材情感的缓解、阻滞作用是十分重要的,她举过这样一个例子:"舞蹈在古代曾达到过顶峰,当时它是和希腊悲剧里的合唱结合在一起的。合唱出现在悲剧的高潮部分,即悲伤和痛苦发展到最强烈的时候,这时观众都悲痛欲绝;而随着歌声和舞蹈的出现,他们的心灵会重新恢复平和,因为合唱使观众变得心胸开阔,才经受得住这痛苦的时刻,否则的话,他们会感到极大的恐怖,会感到

---

① 参见莱辛:《拉奥孔》,人民文学出版社 1982 年,第 18~20 页。

简直难以忍受。"①邓肯的说明无疑是有道理的。悲剧是一种题材情感极为浓烈的艺术,它所引起的情感兴奋如不采取适当的艺术处理,其情感就可能失控,而发展为外部的动作,所以在悲剧的高潮部分插入形式感特别强的合唱和舞蹈艺术,就形成了艺术节制的机制,就能使痛苦、恐怖的情感得到缓解和阻滞。当然,真正悲剧的审美情感的形式,不能光靠剧情高潮中插入合唱和舞蹈,要靠它自身形式与题材之间展开冲突斗争,要靠自身的形式战胜题材。

应当说明的是,艺术形式征服题材情感,使情感得到缓解与阻滞,可以说是艺术中审美情感形式的重要一环,但并不是审美情感形成的全部机制所在。因为人们在普通生活中的情绪,也可以通过理智的思考和想象的飞驰在神经中枢得到缓解与阻滞,所以情感不是表现为外部行动上,并不是审美情感形成的唯一标志。

第三阶段,形式情感改造、征服题材情感的最终心理反应,是情感的舒泄与升华。情感的缓解与阻滞作为向审美情感发展的心理中介是重要的,但缓解与阻滞只是表明由艺术品引起的激情,不会变为外部行动,但就情感的量而言,它仍然在蓄积,就情感的质而言,它还没有实现由不快感向快感、美感的转换。一般地说,情感的蓄积不具有美学意义,相反它是阻滞情感审美化的。思想和情感所遵循的是不同的规律。在思想中记忆规律起主导作用,而在情感中占优势的是遗忘规律。思想积累是可行的,但情感的积累是不可行的。维戈茨基在他的《艺术心理学》中曾引述过奥夫夏尼科·库科夫斯基如下

---

① 《邓肯论舞蹈艺术》,上海文艺出版社1985年版,第78页。

观点：

> 我们的情感心灵简直可以被比作常言所说的大车：从这辆大车掉下什么东西，就再也找不回来。相反，我们的思想心灵却是一辆什么东西也掉不下来的大车。车上的货物全都安放得很好，而且隐藏在无意识的领域里……如果我们所体验的情感能保存和活动在无意识的领域里，不断地转入意识（就像思想所做的那样），那么，我们的心灵生活就会是天堂和地狱的混合物，即使最结实的体质也会经受不住快乐、忧伤、懊恼、愤恨、爱情、羡慕、嫉妒、惋惜、良心谴责、恐惧和希望等等这样不断的聚积。不，情感一经体验并消失，就不会进入无意识领域。情感主要是有意识的心理过程，与其说情感是积累心灵的力量，不如说它们是消耗心灵的力量。情感生活是心灵的消耗。①

既然"情感生活是心灵的消耗"，那么艺术创作中题材情感因受阻滞所形成的情感堤坝，对心灵来说就成为一种压力和沉重的负担。因为堤坝内涌动着的情感潮水，往往是一种压抑感、痛感、磨难感，因此情感的缓解与阻滞并不是目的，不是形式情感征服题材情感的最后心理机制。应该看到，审美情感本质上是一种自由的情感，能够畅快地宣泄的情感，缓解与阻滞也是为了形成情感堤坝后的有效的自由

---

① 参见列·谢·维戈茨基《艺术心理学》，上海文艺出版社1985年版，第263~264页。

的宣泄。这样,形式情感征服、消融题材情感,并不是为了实现形式本身,而是为了使形式与题材在"对抗"后达成"妥协"与"和解",进而生成一个生机勃勃的形式与内容高度和谐统一的艺术世界。一旦这个形式与内容高度和谐统一的艺术世界生成,它就成了情感的有效的导向机制的溢洪道,情感就可在这溢洪道中自由地舒泄,压抑感、痛感、磨难感就可转化为快感、愉悦感、欢畅感,这样情感不但在量上得到了消耗、舒泄,而且在质上也产生转换,转换为一种混合情感。实际上是升华的一种美感。例如在悲剧中,如果形式情感最终完全消融了题材情感的话,那么主人公被毁灭使我们痛苦地流下眼泪的那一刻,也正是美感最为强烈地被感受到的那一刻。在闪着泪花的眼里,竟放射出欢乐的光芒。这就是说,我们不但感受到被主人公所感到的东西,我们还感到主人公没有感到的别的东西。而这里所讲的"别的东西"主要是由溶化了题材情感的艺术形式所提供的。没有与题材情感相冲突的形式的爆发力量,情感的积蓄就变得没有出路,那么它就变成损害我们心灵的有害的东西了。

中国古代诗学深知情感的艺术形式化,是发泄宣导情感的必要途径,是化自然情感为审美情感的重要中介。所谓"止怒莫如诗"(《管子·内止》)、"愁极半凭诗遣兴"(杜甫《至后》)所讲的就是这个道理。另外中国古代诗学还主张"情景交融",强调"情"不能直接喊出来,要"以景结情",特别强调"景语"的重要。认为"不能作景语,又何能作情语?古人绝唱句多景语,如'高台多悲风'、'蝴蝶生南国'、'池塘生春草'、'亭皋木叶下'、'芙蓉露下落',皆是也,而情寓其中矣,以写景之心理言情,则身心中独喻之微,轻安拈出"①。从一定意义上说,这些精辟之论,也是强调情感的对象化和形式对建立情感导向机制的重要意义。因为就诗而言,"情为主,景是客"(李渔),所以如何选择与描写组合景,实则是如何抒情的问题,带有明显的艺术形式营构的性质。这里特别值得一提的是王夫之的另一段话:"'昔我往矣,杨柳依依。今我来思,雨雪霏霏。'以乐景写哀,以哀景写乐,倍增其哀乐。"②这是很有见地的话。人悲景亦悲,人喜景亦喜,这也是浅人捷径。但要"以乐景写哀,以哀景写乐",做到相反相成,就极不容易。这种说法不但说明了情感对象化的重要意义,而且与我们前面反复强调的形式与题材相对抗,并进而以形式征服题材,在精神实质上是一致的,因为两者都强调了对立面的统一。这也就是说,形式情感愈是以对立面的身份去征服题材情感,艺术形式所安排的情感溢洪之道就愈合理,那么情感的舒泄也就愈自由,艺术中的审美情感就愈易生成。

西方诗学对于有意味的形式具有舒泄梳理人的情感的作用,也是十分重视的。英国著名诗人拜伦在给别人的信中写道:诗歌这种艺术形式是"想象力的熔岩,它的爆发避免了地震。人们说诗人从来不会发狂或很少发狂,……但他们往往几乎要发狂,所以我不得不认为,诗的用处正在于预见到并防止人混乱发狂。"③拜伦的说法与杜甫的"愁极半凭诗遣兴"的说法十分相似,他们两人都是著名诗人,他

---

① 王夫之:《姜斋诗话》。
② 王夫之:《姜斋诗话》。
③ 转引自朱光潜《悲剧心理学》,第179页。

们都真切地体会到诗歌这种形式为心中涌动的强烈的折磨心灵的情感炸开了一条舒泄的通道。有了这个通道,情感就可按艺术的规则有控制的,又是充分自由的奔流,情感随意泛滥,以至诉诸外部动作危害身心的情况就可以避免。

以上所述,说明了形式情感征服、消融题材情感,导致了我们的情感沿着兴奋→缓解、阻滞→舒泄、升华的路线前进,而这条路线的终点就是人们渴望的、能够给我们心灵以慰安的艺术中的审美情感。

二、题材超越形式——审美情感的消失

为了进一步证明上述论点,我们还可以提出另一种情况来讨论,即艺术创作中题材情感超越、消灭形式情感,会产生什么效果呢?我们可以再列一个简单的图表示如下:

	第一阶段	第二阶段	第三阶段
题材超越形式	题材情感	超越→形式情感	→生活本身
心理过程	兴奋	→更兴奋	→外部动作

这种情况也可分三个阶段来说明:

第一阶段,题材情感作为一种激动人心的力量,对人们的心灵产生了刺激,作为对这种刺激的反映,人们的情感兴奋起来,譬如他被

某个人物的不幸命运深深地感动了,产生了不能自制的痛苦之情,甚至产生了移情,即把自身的同情移入到人物身上,与人物一起遭受磨难和痛苦。

第二阶段,假如这时候艺术形式不能与这种情感相对抗,不能控制住情感的兴奋,倒是题材情感超越、甚至消灭了形式情感,即人们已感觉不到艺术形式的存在(如看戏人意识不到自己在看戏),那么单纯由题材所激起的情感就进一步蓄积起来,出现了一种不可压抑的更加兴奋的状态,即情感之流达到了极限的临界点。

第三阶段,由于形式情感的无力以至完全消失,题材情感还原为生活本身,这样内心蓄积的情感没有合理的宣泄渠道,就会导致外部动作。这种情况在艺术创作中较为罕见,但也不是没有。清人焦循的《剧理》中记载了这样一件事:"杭有女伶商小玲者,以色艺称,于《还魂记》尤擅场。尝有所属意,而势不得通,遂郁郁成疾。每作杜丽娘《寻梦》《闹殇》诸剧,真若身其事者,缠绵凄婉,泪痕盈目。一日演《寻梦》,唱至'待打并香魂一片,阴雨梅天,守得个梅根相见,盈盈界面'随声倚地。春香上视之,已气绝矣。临川寓言,乃有小玲实其事耶?"商小玲作为一个表演艺术家,竟在创造角色时伤心过度而死,这就是因为她在创造角色时,题材情感处于压倒一切的地步,而感觉不到形式情感(竟忘了这是演戏),这样演员兴奋起来的激情得不到形式的缓解和阻滞,在心中形成一个情感心理堤坝,终于导致外部动作——随声倚地而死。这样,艺术中的审美情感就完全被破坏。当然,我们不应把这种情况与艺术家创作中因深入角色而产生幻觉情况相提并论。后者在许多大艺术家创作中时常出现,如巴尔扎克写到高老头死时,自己似乎也得了一场大病。福楼拜在写爱玛服毒自杀时,仿佛自己的口里也有砒霜的气味。柴可夫斯基创作《黑桃皇后》写到葛尔曼死之时,他深深地哭泣了。这种种情况是艺术家对自己写的人物投入了情感,产生了幻觉,是艺术家身上一种必要的素质。然而他们的幻觉因有形式感的作用,并未超过临界点,并未诉诸外部动作。这与商小玲的随声倚地而死是完全不同的。

在艺术接受中,上述题材情感得不到形式情感的控制,而产生了接受主体诉诸外部动作的情况更是时有发生。清人陈其元在他的《庸闲斋笔记》中记载:"余弱冠时,读书杭州,闻有某贾人女,明艳工诗,以酷嗜《红楼梦》,致成瘵疾。当绵缀时,父母以是书贻祸,取投诸火,女在床,乃大哭曰:奈何杀我宝玉,遂死。"这样的记载还有好几则。众所周知,歌德的小说《少年维特之烦恼》,也使不少青年读者自杀,这是怎么回事呢?当然,这不是作者的过错。就作者而言,创作这篇作品恰好是使他的几乎无法控制的情感得到了有力的导向,正如作者所说:"我借着这篇作品,比起其他任何的创作的尝试来,最能把我从暴风雨似的心境中拯救出来。"因为作者"把实际化为诗而心境轻快明朗"①但对于那些读了此书而自杀的青年男女来说,情况恰好相反。这就是说,这些失恋的青年男女往往是在无望的相思中,深感悔恨与绝望,甚至厌倦刚刚开始的生活。他们在此种心境下去读《少年维特之烦恼》,照理他们会比任何人都更能理解作品的内涵。然而恰恰因为此书的题材情感与他们的个人经历过分接近,他们在

---

① 《歌德自传》(下),人民文学出版社1983年版,第624页。

阅读中把所写的一切都当成事实，于是形式感消失了，不但不能为他们消除绝望，反而更强烈地意识到自己的烦恼与绝望，这样就产生了一个逆转，本来是在欣赏小说，实际上他们不再把歌德的小说作为艺术品来欣赏，不再想维特和夏洛蒂，而只感到自己失恋的哀痛和绝望。阅读变成了自伤身世。阅读中形式感的消失，使他们的情感复原为自然情感，并得不到缓解、阻滞，痛苦、绝望之情就会直泻而下，甚至可能导致自杀等外部动作。由此可见，无论是在艺术创作还是艺术欣赏中，形式情感的有与无，形式情感能否超越、征服题材情感是至关重要的，它决定着艺术中审美情感的生成或消失。这样我们就从创作与欣赏的失败经验证明，艺术中内容与形式的有机的和谐和统一，审美情感的生成，艺术世界的建立，并不是在内容与形式的简单的静态的相互适应中达到的，恰恰相反，是在题材与形式的动态的辩证矛盾运动中达到的。

（原载《艺术家》1991年第3期）

汉语与文体创造

文体作为作家营造的语言体式、风格特征,与作家所使用的语言和具体语境的言语有着极为密切的关系。文体的功能具有什么样的效应也与作家所使用的语言与语境中的言语也有着密切的关系。这都是不言而喻的。我们可以这样说,作家使用的语言为他的作品的文体和文体功能的产生提供条件。如果某个作家所操的母语比较僵硬,美质较差,他无法使他的文体获得轻灵的、奇妙的、有魅力的效应,那么这是无可奈何的事。相反,某个作家所操的母语灵活而优美,他的文体获得了预期的功能,那么这是他的幸运。美国著名语言学家爱德华·萨丕尔说:"艺术家必须利用自己本土语言的美的资源。如果这块调色板上的颜色很丰富,如果这块跳板是轻灵的,他会觉得很幸运。"① 他还说:"每一种语言本身都是一种集体的表达艺

---

① 爱德华·萨丕尔:《语言论》,商务印书馆1985年版,第202页。

术。其中隐藏着一些审美因素——语音的、节奏的、象征的、形态的——是不能和别的语言公有的。这些因素有时把自己的力量融合于上文所说的不知道的绝对语言——这是莎士比亚和海涅的方法，有时组成一种独自的、技术织物，把一种语言内在的艺术提净了或升华了。"① 对中国作家来说，他们是幸运的。因为汉语是世界上各种语言中审美因素最多的语言之一。这里且不说汉语词汇之丰富，语法之简洁，单拿语音这一点来说，可供作家利用的审美因素就比许多语种强得多。中国著名语言学家赵元任先生说，汉语这个符号系统优点很多："更加微妙的是韵律，诗人可以用它来象征（symbolize）某种言外之意。试看岑参离别诗的开头四句：

　　　　北风卷地白草折
　　　　胡天八月即飞雪
　　　　忽如一夜春风来
　　　　千树万树梨花开

这四句诗用官话来念，押韵字'折'（jer35：）和'雪'（sheue214：），'来'（lai35：）和'开'（kai55：）没有什么特别的地方。可是用吴语的我家乡方言常州话来念，由于古代的调类保持得比较分明，头两句收迫促的入声 tzoˆ（5：）和 siieˆ（5：），后两句收流畅的平声 lai（21：）和 kai（21：），这种变化暗示着从冰天雪地到春暖花开两个世界。换句话

---

① 爱德华·萨丕尔：《语言论》，商务印书馆1985年版，第201页。

说,这是象征着内容。"①从文体功能的角度看,诗人仅从语言的语音这个层面就获得了成功,这不仅是他个人的成功,首先是汉语的语音的审美因素为他的成功提供了条件。赵元任先生还说:"论优美,大多数观察和使用汉语的人都同意汉语是美的。有时人们提出这样的问题:汉语有了字的声调,怎么还能有富于表达力的语调?回答是:字调加在语调的起伏上面,很像海浪上的微波,结果形成的模式是两种音高运动和。"②的确是如此,英语、法语、俄语等都只有语调的变化,而没有像汉语这种阴平、阳平、上声、去声、入声的字调变化,这样以汉语写作的作者的手中就多了一种可供利用的审美因素,从而在文体创造上多了一种美的"资源",文体也就多了一重表现力。中国古典诗词讲究平仄相对,读起来抑扬顿挫、朗朗上口,这是一种区别世界上任何一种诗歌的极能传达人的细微情感的和极为优美的诗歌文体。除了汉语语音审美因素外,汉语因语词意蕴丰富,只需采用极简练的话语就可获得言外之意的特点,也是令外国人"妒忌"的。萨丕尔就指出过:"我相信今天的英语诗人会羡慕中国即兴凑句的人不费力气就能达到的那种洗练手法。这里有一个例子:

吴淞江口夕阳斜,北望辽东不见家。

汽笛数声天地阔,飘飘一苇出中华。

---

① 赵元任:《谈谈汉语这个符号系统》,《赵元任语言学论文选》,中国社会科学出版社1985年版,第73~74页、75~76页。

② 同上。

但是我们也不要过分妒忌汉语的简练。我们的东倒西歪的表达方式自有它的美处……"①的确如此,历代的作家们利用汉语自身的优越性,所创造出来的千变万化的文体,比比皆是。"昔我往矣,杨柳依依。今我来思,雨雪霏霏。""江流天地外,山色有无中。""春风得意马蹄疾,一日看尽长安花。""残星数点雁横色,长笛一声人倚楼。"等不胜枚举的名句和名篇,其字调、声调之铿锵,其语言之简洁,其蕴涵之丰富,其韵味之绵长,都达到了极致,对外国语种来说,几乎是不可译的。

当然,这也并不是说汉语具备了"美的资源",作家就必定能创造出优异的文体。这还要看作家们善不善于挖掘这种"美的资源",善于挖掘和不善于挖掘,对文体及其功能影响极大。不善于挖掘,也许就让"美的资源"白白浪费掉,而根本创造不出什么文体。而善于挖掘汉语的"美的资源"的作家,汉语就成为他们手中的宝物和魔物,他们能变幻出各种具有无法抗拒的美的文体来,文体功能也能达到极致。我们的古人对此早有深刻的认识。朱熹就说过:"韩退之、苏明允作文,敝一生之力皆从古人声响学。"姚姬传说:"大抵学古文者必要正声疾读,又缓读,只久之自悟。若但能默看,即终身作外文也。"朱熹强调"声响",姚姬传强调"读",实际上都是强调汉语声音之美。"读"出了"声响",那抑扬顿挫的、像海浪般的美妙之声,就会令人心旷神怡。或者如朱光潜先生所说:"读有读的道理,就是从字句抓住节奏,从声音节奏中抓住情趣、'气势'或'神韵'。自己作文,也要常

---

① 爱德华·萨丕尔:《语言论》,商务印书馆1985年版,第202页。

拿来读;读,才见出声音是否响亮,节奏是否流畅。"① 这就是说,作家即或写的不是韵文,而是散文,也要十分注意声音节奏,善于利用汉语语音的美质,使作品具有情趣、气势、神韵之美。散文在声音节奏上的安排,比韵文更困难,因为韵文的韵律是有规定的,只要在规定范围内下工夫,就可收到效果,散文声音节奏的安排则"无一定之律,而有一定妙",这就十分不容易,非有过硬的功夫不可。可以这样说,对汉语语音的美质的敏感和挖掘,是对中国作家的永远的考验。也许只有少数伟大作家才经得起这永远的考验。《红楼梦》第二十八回写宝玉向黛玉说心事:

  当初姑娘来了,那不是我陪着玩笑,凭我心爱的,姑娘要,就拿去;我爱吃的,听见姑娘也爱吃,连忙的收拾的干干净净,收着;等着姑娘到来,一桌子吃饭,一床儿上睡觉。丫头们想不到的,我替丫头们想到。我心里想着:姊妹们从小长大,亲也罢,热也罢,和气到了底,才见的比别人好。如今谁承望姑娘人大心大,不把我放在眼睛里!……

朱光潜先生分析说:"你把全段念着看,看它多么顺口,多么能表情,一点不做作,一点不拖沓。如果你会念,你会发现它里面也有很好的声音节奏。它有骈散交错,长短相间,起伏顿挫种种道理在里面,虽

---

① 朱光潜:《散文的声音节奏》,见《文艺杂谈》,安徽人民出版社1981年版,第82、83~84页。

然这些都是出于自然,没有很显著的痕迹。"①这说明曹雪芹的确是善于挖掘汉语"美的资源"的能手。就是散文体,也能做到"骈散交错,长短相间,起伏顿挫"。我们古人在炼字、炼句上所下的功夫,"语不惊人死不休"的创作态度,以及他们创造出来的千变万化的富于魅力的艺术文体,都说明汉语这座语言宝库有取之不尽用之不竭的"美的资源",只要我们真正下苦功夫去挖掘,是一定能够创造出既无愧于古人又无愧于外人的世界第一等的文体来的。

的确,至今中国作家还没有一位获得过诺贝尔文学奖,但这不证明中国作家不行,只证明外国人对汉语和汉语文学知之甚少,他们读不懂或很少能读懂汉语文学的那种寓含于文体中的气势、神髓、韵调、境界、滋味。当我们通过另一种媒介——电影——向世界说话的时候,我们的艺术得到了承认,一个又一个电影大奖送到中国人手里。而这些得奖电影几乎都是汉语文学作品改编的。当我们的国家更加强盛起来的时候,汉语的美质被更多人了解的时候,外国有更多的萨丕尔的时候,世界将惊讶汉语文学文体的美。

(原载《文论报》1993年4月8日)

---

① 朱光潜:《散文的声音节奏》,见《艺文杂谈》,安徽人民出版社1981年版,第82、83~84页。